Pergunte a

DEEPAK CHOPRA

SOBRE
ESPIRITUALIDADE

Pergunte a

DEEPAK CHOPRA

SOBRE
ESPIRITUALIDADE

Tradução
PATRÍCIA ARNAUD

1ª edição

Rio de Janeiro | 2015

CIP-BRASIL. CATALOGAÇÃO NA FONTE
SINDICATO NACIONAL DOS EDITORES DE LIVROS, RJ.

C476p   Chopra, Deepak, 1947-
        Pergunte a Deepak Chopra sobre espiritualidade / Deepak Chopra;
        tradução Patrícia Arnaud. – 1ª ed. – Rio de Janeiro: Best Seller, 2015.

        Tradução de: Ask Deepak About Spirituality
        ISBN 978-85-7684-776-2

        1. Espiritualidade. 2. Meditação. I. Título.

                                                CDD: 291.44
15-25920   CDU: 2-4

Texto revisado segundo o novo Acordo Ortográfico da Língua Portuguesa.

Título original
ASK DEEPAK ABOUT SPIRITUALITY
Copyright © 2013 by Deepak Chopra
Copyright da tradução © 2015 by Editora Best Seller Ltda.

Publicado mediante acordo com The Chopra Center, 2013 Costa Del Mar, Carlsbad, CA
92009, USA.

Capa: Marianne Lépine
Imagem de capa: INFphoto.com/Corbis/Latinstock

Todos os direitos reservados. Proibida a reprodução,
no todo ou em parte, sem autorização prévia por escrito da editora,
sejam quais forem os meios empregados.

Direitos exclusivos de publicação em língua portuguesa para o Brasil
adquiridos pela
EDITORA BEST SELLER LTDA.
Rua Argentina, 171, parte, São Cristóvão
Rio de Janeiro, RJ – 20921-380
que se reserva a propriedade literária desta tradução.

Impresso no Brasil

ISBN 978-85-7684-776-2

Seja um leitor preferencial Record.
Cadastre-se e receba informações sobre nossos lançamentos e nossas promoções.

Atendimento e venda direta ao leitor
mdireto@record.com.br ou (21) 2585-2002

Sumário

	Introdução	7
1	Dando início à sua jornada espiritual	9
2	Deus	19
3	Oração	31
4	Carma e destino	41
5	O espiritual e o físico	55
6	O bem e o mal	69
7	Professores, guias e gurus espirituais	83
8	Religião	95
9	Seguindo o seu caminho	127
10	Outros livros da série pergunte a Deepak Chopra	139
	Sobre Deepak Chopra	141

Introdução

Deus pode ser encontrado dentro de todos nós, embora isso não torne a jornada espiritual algo fácil. Pelo contrário, o caminho para encontrar o nosso lado espiritual muitas vezes é pedregoso e íngreme, inexplorado e sem sinalização muito clara. É uma jornada cheia de questionamentos, distrações e contradições, mas também de beleza, união e iluminação. É uma estrada que todos devemos trilhar, mas não há apenas um caminho específico. Não importa se você teve uma criação familiar cristã, se está buscando uma conexão mais próxima com Deus ou explorando sua vida espiritual pela primeira vez, algumas questões universais sempre vêm à tona: o que é a alma? Existe um Deus? Por que o mal nos assombra? Qual é o papel dos mestres espirituais e religiosos? Compilei aqui muitas dessas questões universais e atemporais feitas por meus leitores ao longo dos anos.

Sempre utilizamos a metáfora dos caminhos para discutir espiritualidade. Não há um só livro ou oração capaz de nos iluminar de um dia para o outro, nem um conjunto de orientações para encontrar Deus. Em vez disso, cada um deve se aproximar da espiritualidade à sua maneira, olhando para dentro de nós mesmos, investigando nossa consciência de modo cada vez mais profundo. É lá que encontramos vislumbres de unidade e partes do céu na terra, se assim desejarmos. E é de lá que devemos continuar seguindo. Muitas vezes, pode parecer que a cada passo à frente, damos dois para trás. Entretanto, viajar nessa estrada nos enriquece e nos ensina sobre nosso próprio eu e fortalece nossa relação com o mundo físico.

A oração e a meditação servem como bússola nessa jornada espiritual. Conectam nosso mundo corpóreo com nossas almas, ligando nossas vidas espirituais à vida corpórea. Ajudam-nos a compreender a atemporalidade de nossas ações. Ajudam-nos a encontrar a verdade única para as aparentes contradições e dicotomias. Também nos dão força interior quando vacilamos. E, embora tenhamos que encontrar nossas próprias estradas para a iluminação, os mestres espirituais e as comunidades religiosas fornecem perspectiva e apoio inestimáveis. Ao explorarmos os ensinamentos religiosos de todas as crenças, encontramos as verdades universais, as conexões espirituais que unem a todos.

Vejo esta coleção como um guia de orientações. Quando as grandes questões aparentemente sem resposta surgirem, você pode buscar apoio aqui. É confortável saber que outras pessoas percorreram este trajeto antes. Você pode aprender com elas. Assim como acontece nas trilhas na mata, você pode pesquisar o tipo de árvore que está contemplando, mas a experiência de sua beleza deve ser sentida no momento.

Com amor,

Deepak

Dando início à sua jornada espiritual

A BUSCA ESPIRITUAL

Pergunta:

Embora eu sempre tenha tido uma profunda crença em Deus, de repente me vejo com uma sede voraz por saber mais. De repente me sinto atraído por livros, artigos e conversas sobre espiritualidade e a conexão entre todos nós. Por onde devo começar?

Resposta:

O desejo de aprender sobre espiritualidade é impulsionado pela necessidade de conhecer o nosso verdadeiro eu. Há momentos na vida em que esse alerta interior dispara e nos sentimos impelidos a despertar nosso eu espiritual. Você deve começar pelo ponto ao qual seu interesse o levar. Pode ser pela saúde, pelas emoções, pela compreensão intelectual ou pelos relacionamentos. Não há livro certo ou errado pelo qual começar. Pegue aquele que o atrai, este é o lugar por onde começar.

ALMA E ESPÍRITO

Pergunta:
Como você explicaria a diferença entre alma e espírito?

Resposta:
Muitas vezes, as duas palavras são usadas como sinônimos, mas quando são diferenciadas, a distinção mais comum é que a alma é um aspecto mais personalizado da individualidade que carrega a nossa história e as tendências ao longo do tempo, enquanto o espírito é a essência pura que expressa a nossa universalidade. O espírito é nossa centelha divina, sem nenhuma qualificação ou limitação a ele.

CAMINHOS PARA DEUS

Pergunta:
Fui criado a minha vida inteira como cristão. Nos últimos anos, tenho sentido que ser cristão não pode ser o único caminho para chegar a Deus. Sinto como se estivesse faltando algo quando se trata de me conectar com Deus. Quando leio seus livros, é como se algo dentro de mim despertasse. Qual seria sua sugestão para eu conseguir identificar em que ponto da minha vida estou neste momento?

Resposta:
Você está a meio caminho de expandir sua compreensão de Deus. Ao reconhecer que há diferentes caminhos e ensinamentos que levam ao divino, você está aprendendo a ver que Deus é uma realidade acessível a todos, com base na

própria realidade interior de cada um. Chegar a Deus não depende de estar exposto à religião "certa".

O que importa é seguir um caminho para o divino que soe verdadeiro para você e sua experiência espiritual. Você descobrirá que, o que quer que o leve mais fundo em sua espiritualidade o levará para mais perto de Deus.

RELAÇÃO PESSOAL COM DEUS

Pergunta:

Tenho minhas próprias crenças. Por exemplo, minha mente é aberta espiritualmente. Acho que a espiritualidade e a fé de cada um é seu caminho pessoal a Deus. No entanto, não são muitas as pessoas que concordariam comigo sobre isso. Assim, como posso me relacionar com os caminhos espirituais dos outros, uma vez que não pertenço cem por cento a uma religião específica, estruturada? Tenho minha própria relação com Deus. Tentei participar de vários templos e igrejas, mas havia tanto dogma por trás de muitas das religiões estruturadas, que decidi ter apenas uma relação pessoal com Deus. Como minha "religião" ou caminho espiritual é muito pessoal, o que devo fazer? Qual é o caminho "certo" se a relação com Deus é tão pessoal? Além disso, como posso encontrar ou me relacionar com uma comunidade ou igreja que compartilhe das minhas crenças?

Resposta:

Não existe apenas um caminho "certo" até Deus. Se você tem uma relação expressiva com Deus, esse é o seu caminho. Deixe que o aprofundamento da sua experiência com Deus revele os valores importantes a serem adotados por você. Por exemplo, se a sua relação com Deus gira em torno de amor e compaixão, você pode adotar o comportamento de servir aos outros com amor e de se relacionar espiritualmente com os outros que compartilham desse compromisso. Se sua relação com Deus está mais orientada para a oração, para a contemplação em silêncio e para o estudo, um grupo de oração e estudo poderia ser uma maneira de encontrar uma comunidade espiritual.

APRENDENDO LIÇÕES

Pergunta:
Acredito que todas as nossas experiências são destinadas a nos ensinar algum tipo de lição. E se, após profunda reflexão e oração, espera e escuta, a pessoa não for capaz de compreender qual era a lição a ser aprendida com um evento específico em sua vida?

Resposta:
Às vezes, as lições a serem aprendidas não são algo que podemos descobrir ou que se supõe que deveríamos descobrir com o intelecto. Há ocasiões em que o objetivo de um evento é simplesmente render-se a ele ou aceitá-lo pelo que ele é, sem o analisar. A necessidade de compreender tudo em termos de lições espirituais pode acabar se tornando uma parte da necessidade do ego de sentir que pode controlar a vida por meio da compreensão dela. As lições que desafiam a compreensão são uma maneira que o espírito tem de romper essas defesas do ego, de modo a render-se à realidade presente e abraçar a vida com inocência, confiança e consciência.

PRECISAR DOS OUTROS PARA FAZER
O TRABALHO ESPIRITUAL

Pergunta:

Li O livro dos segredos duas vezes e gostei muito. No entanto, sinto que, para praticar o que está nesse belo livro, é preciso que as pessoas à nossa volta se juntem a nós nessa jornada, pois, caso contrário, vão nos chamar de excêntricos se não compreenderem nosso método de mudança. Tenho a impressão de estar sozinho nesse barco a velejar em um oceano maravilhoso e ver as pessoas me olharem de maneira diferente ao descobrirem que estou realmente praticando os ensinamentos desse livro. É difícil de acreditar, considerando quantas pessoas lá fora estão contra a humanidade, mentindo, trapaceando e maltratando os outros.

Quero saber como colocar em prática o conteúdo do livro quando ninguém mais está fazendo isso. Como você responde quando alguém lê seu livro e o considera pesado ou completamente fora dos padrões? Compreendo muitos dos tópicos, e alguns pontos não são tão claros, mas apesar de tudo, entendo a mensagem, e continuarei a praticá-la. Mas responda, por favor, qual poderia ser minha resposta a essas pessoas. Isso me faz lembrar de que um dos assuntos era sobre o nosso ambiente ser o reflexo de nós mesmos. Sinto-me um pouco mal comigo mesmo quando vejo o meu ambiente e não quero admitir que ele seja o reflexo de quem sou. Mas acredito que isso sirva para me conhecer melhor e, consequentemente, mudar. Mais uma vez, obrigado por esse livro incrível. Aguardo ansiosamente sua resposta.

Resposta:

Todas as lições de *O livro dos segredos* foram pensadas no indivíduo, e não no grupo, portanto, não espere que as pessoas ao seu redor se comportem melhor antes que você possa colocar em prática o material. Às vezes, a jornada espiritual pode parecer solitária, mas, muitas vezes, o crescimento interior que é importante só pode ocorrer quando você deixa de depender do apoio ou orientação externa para encontrar seu caminho, e é obrigado a descobrir a luz e a força dentro de si. Depois de abrir essa fonte de conhecimento interior, você nunca mais se sentirá sozinho.

Não se sinta mal ou desanimado por outros à sua volta serem apenas reflexos de você. Isso significa apenas que, quando você tem uma reação emocional forte ou faz uma crítica a alguém, é porque existe alguma ferida antiga dentro de você que precisa ser curada. Isso não quer dizer que você seja mau ou fraco, ou que seja igual à pessoa que desencadeou a reação emocional em você. É a sua reação que é refletida de volta para você. A partir disso, você pode trabalhar em sua cura.

ESTÍMULO À ESPIRITUALIDADE

Pergunta:
Conheço várias pessoas que acham que não precisam de experiências espirituais, que não acreditam em Deus e que parecem estar contentes e satisfeitas com a vida. Muitas delas tiveram uma infância pouco sofrida. Também observo que muitos adultos espiritualizados encontram Deus após experiências dolorosas na infância. Eu, por exemplo, sofri bastante com a negligência e o abuso emocional dos meus pais quando criança, e Deus, em minha experiência, tem

*sido uma energia de amor superior que tenho sentido com
a prática espiritual. Minha pergunta é: quando alguém teve
uma infância relativamente feliz, com carinho e amor, o
que, na experiência dela, muda sua consciência em relação
a Deus? Por que esses indivíduos precisariam sentir Deus
tanto quanto quem teve mais desafios nos primeiros anos
de vida?*

Resposta:

É verdade que, para muitas pessoas, o crescimento espiritual veio ao procurar a cura de feridas da infância. É uma maneira poderosa de organizar a evolução espiritual de alguém, mas não é a única maneira da alma procurar se reconectar com o divino. Para alguns, a necessidade de curar uma doença física torna-se sua motivação espiritual. Outros acham que em determinado momento da vida, mesmo com o amor dos outros e o sucesso material, existe um vazio, uma ausência de realismo naquilo que é sua vida, que os leva a buscar autenticidade e substância. Isso poderia expressar-se como o desejo de se unir com o amor de Deus. Para outros ainda, poderia ser uma busca intelectual para compreender o verdadeiro e o real.

Estamos todos conectados para descobrir o nosso verdadeiro eu. Portanto, não importa o quanto alguém possa parecer complacente sem um reconhecimento da espiritualidade em sua vida, pois o impulso evolutivo está ali, e em funcionamento. É só uma questão de tempo até que haja a conjuntura certa para que ele coopere ativamente com esse impulso espiritual.

CAMINHO DO SERVIÇO

Pergunta:

Dirijo uma missão de assistência aos pobres e aos sem-teto na minha cidade, e a situação ficou muito ruim. Trabalho muitas horas por semana, mas estou ficando velho. Tentei diversas vezes meditar mais e obter algum tipo de progresso, mas não consigo perceber resultado. Então acho que devo ficar no meu caminho simples de ajudar aos pobres e confiar no universo. Isso parece certo para você? É o suficiente ou preciso de um caminho espiritual mais estruturado?

Resposta:

Acho que você está fazendo um serviço maravilhoso para a humanidade. Deus te abençoe. Você não precisa de conhecimento ou compreensão acadêmica para ter progresso espiritual ou para contribuir para fazer deste um mundo melhor. Você já está contribuindo para seu progresso espiritual ao ajudar os outros. Não pense que está velho; você está simplesmente atingindo a idade da sabedoria.

Se você quiser uma prática de meditação que possa fazer neste exato momento, faça a meditação *So Hum*, do som primordial, em que você presta atenção ao inspirar enquanto pensa no som "so", e ao expirar, pensando no som "hum". As instruções completas podem ser encontradas em algum lugar no meu website, ou mesmo por uma busca no Google.

Seu caminho de serviço e compaixão é o mais nobre dos caminhos. Você é um grande exemplo para todos nós.

ESQUECENDO E LEMBRANDO

Pergunta:

Não chega um momento em que já se leu tanta informação espiritual que é hora de agir com base nesse conhecimento, em vez de intelectualizá-lo? A pessoa se torna essa consciência que é a verdade por conhecê-la, experimentá-la e, o mais importante, observá-la da posição do observador. Relacionar-se com o mundo de qualquer outra forma seria autodestrutivo, e por que você faria isso, afinal? É como um tipo de jogo de lembrar e esquecer. Isso faz sentido para você?

Resposta:

O crescimento espiritual real ocorre apenas pela experiência direta, e não pela intelectualização. Na melhor das hipóteses, ler esclarece e consolida nossa experiência, mas não pode nos levar a outro nível de experiência ou consciência. Você está certo em dizer que se conhece a verdade tornando-se a verdade e vivenciando-a como o nosso próprio eu.

Deus

EXISTE UM DEUS?

Pergunta:
Gostaria de saber se existe um Deus. É muito difícil nos dias de hoje, com tantas opiniões diferentes para tudo quanto é lado. Os ateus estão certos também?

Resposta:
Você tem razão, há muitas opiniões atualmente. Em vez de adicionar mais uma opinião a essa montanha, gostaria de encorajá-lo a começar a meditar e a explorar sua consciência para descobrir por si mesmo o que é real para você no que diz respeito a Deus. Em meu livro *Como conhecer Deus*, descrevo os estágios de experiências espirituais tradicionais nesse desdobramento da consciência no caminho da iluminação. Em meu livro *O terceiro Jesus*, estimulo os aspirantes espirituais a usarem a vida e os ensinamentos de Jesus como uma convocação para transformar a consciência, para que possam trazer essa discussão sobre Deus para fora do reino das opiniões teológicas, ou seja, para uma realidade vívida e pulsante da sua própria consciência sobre Deus.

LOCALIZANDO DEUS

Pergunta:

Se Deus está dentro de você e não em algum lugar lá fora, como explicar o fato de profetas como Moisés, Jesus e Maomé afirmarem obter suas mensagens de algum lugar lá em cima? Fazem isso para que as pessoas os levem a sério e os ouçam, ou acreditam nisso de alguma forma?

Resposta:

Na verdade, Deus não está espacialmente em nenhum lugar, em cima ou embaixo, dentro ou fora. Deus é uma realidade onipresente que, simultaneamente, permeia a vida como um todo e existe para além de todas essas expressões limitadas. O Deus como eles percebem às vezes pode descrever o conhecimento deles como proveniente de um reino transcendental, que parece separado do eu limitado deles, e assim eles podem usar uma imagem do conhecimento que vem de cima para eles. Também podem descrever que é fácil sentir a presença de Deus porque ele está tão próximo quanto a natureza essencial deles. Passagens na Bíblia, como "aquietai-vos, e saibei que eu sou Deus", e "o reino de Deus está entre vós" indicam essa natureza inerente de Deus. A natureza transcendental de Deus está disponível a todos. Basta acessar o próprio eu transcendental. Chamar isso de dentro ou de fora é uma questão de semântica.

A NATUREZA DE DEUS

Pergunta:

Você fala de uma consciência que está na base de todas as coisas e que é compartilhada por todas as pessoas e plantas e objetos. Às vezes você menciona Deus. O que você quer dizer quando menciona Deus? Você se refere a Ele como algo que está do lado de fora de nós, fora dessa consciência que tudo abrange?

Resposta:

Deus é essa consciência ilimitada que permeia toda a criação e está presente como a existência fundamental, a inteligência e o amor dentro de nós. Deus é transcendente e inerente ao mesmo tempo. Assim, pode-se considerar que Deus está do lado de fora de nós, no sentido de que Deus é transcendente a todos os aspectos de nossa identidade relativa. Mas, em outro sentido, Deus é a nossa essência mais profunda e, portanto, é mais íntimo a nós do que os nossos próprios pensamentos.

CONHECENDO E FALANDO DE DEUS

Pergunta:

O que você quer dizer com é possível conhecer Deus? Deus não é inefável?

Resposta:

Inefável significa que a experiência não pode ser totalmente descrita ou expressa em palavras. Isso sem dúvida pode ser verdade em relação à experiência de Deus, mas a real experiência, independente de tentarmos comunicá-la ou não, é inerente a nós como seres humanos. É intrínseco a nós conhecer a Deus da mesma maneira que é intrínseco conhecermos a nós mesmos. A realidade final é dualisticamente separada entre a nossa natureza essencial e a natureza de Deus. A realidade final é uma só, e por isso é chamada de final. Quando a consciência experimenta sua fonte absoluta em consciência pura, no silêncio do próprio ser, ela conhece Deus.

Alguns tentam encontrar palavras para sugerir ou se aproximar dessa experiência, enquanto outros optam por nem mesmo tentar descrevê-la. São Tomás de Aquino, após uma vida inteira escrevendo sobre teologia, supostamente sofreu uma "grande mudança" enquanto rezava uma missa pela manhã. Depois disso, parou de escrever a Suma Teológica. Quando um companheiro insistiu para que continuasse, ele disse: "Não posso mais. As coisas que foram reveladas a mim tornam palha tudo o que escrevi."

À PROCURA DE DEUS

Pergunta:
Estamos à procura de Deus... ou da experiência do nosso mais elevado e definitivo eu?

Resposta:
O que os sábios ao longo do tempo descobriram é que, independentemente de se procurar por Deus ou por si mesmo, se chega sempre ao mesmo lugar. Isso acontece porque a existência da essência da natureza do ser humano e a exis-

tência básica do cosmos são a mesma. Há uma essência de vida que permeia tudo. Portanto, não importa se olhamos profundamente para dentro ou se olhamos para toda a criação, pois encontraremos o mesmo campo ilimitado de consciência, amor e existência puros. Os Vedas repercutem isso nas frases: "o que é menor do que o menor é também maior do que o maior" e "Eu sou Aquilo (universalidade), Tu és Aquilo, tudo isso é Aquilo, Aquilo por si só é".

A EVOLUÇÃO DE DEUS

Pergunta:
Se Deus está em evolução, como se explica esse fato?

Resposta:
A evolução de Deus é uma maneira de compreender a inerência ou a participação de Deus na criação. Algumas pessoas têm dificuldade em conceituar Deus ao mesmo tempo como o criador transcendente e também como envolvido na criação, sem perder o status transcendente. Em termos védicos, esses são conhecidos como Shiva e Shakti, os aspectos unificados passivo/ativo e transcendente/criador de Deus.

Pode-se pensar sobre a criação como o meio pelo qual a consciência se autorrealiza. A evolução desse autoconhecimento pode ser entendida como a evolução de Deus. O estado eterno e infinito de Deus não é diminuído nem aumentado em função da participação da criação, porque o autoconhecimento revela que você é o que você sempre foi. Krishna no *Bhagavad Gita* diz: "Após criar o mundo, e permanecer na minha própria natureza, penetrei nela." O envolvimento de Deus na criação é como compreendemos o amor, a graça e a misericórdia divinos. A Igreja Católica usa o mistério da Santíssima Trindade para explicar como Deus pode, simultaneamente, estar fora dos limites da criação e intimamente relacionado com sua redenção.

Pode ser mais fácil aprender a aceitar esse paradoxo quando percebemos que estamos vivendo com essa contradição em nossas próprias vidas o tempo todo. Nosso eu transcendente silencioso, que é imortal, não nascido, infinito e livre, também está, de alguma forma estranha, envolvido com as limitações e restrições do corpo e da mente no espaço e no tempo. Além disso, é a evolução desses veículos criados da mente e do corpo que se transforma no processo pelo qual conhecemos totalmente a nossa natureza imortal e infinita, essa perfeição que sempre fomos.

DEUS MUDA CONOSCO?

Pergunta:
À medida que evoluímos e chegamos mais perto de Deus, as qualidades de Deus também evoluem ou mudam? Deus é exatamente o mesmo neste momento como era há milhões de anos?

Resposta:
Visto que Deus é tanto inerente como transcendente, há qualidades do Divino que são compartilhadas no mundo, como amor, compaixão e compreensão, e há também princípios eternos e imutáveis da inteligência que são independentes das considerações de tempo, espaço e evolução. Enxergar

o aspecto inerente de Deus como evolutivo ou não provavelmente depende de como você interpreta a palavra "evolução". Se a evolução for vista como um processo físico de transformação ou adaptação da forma em resposta às condições de tempo e espaço, um Deus em evolução não faz muito sentido. No entanto, se a evolução for vista como um envolvimento em um processo espiritual de descoberta da verdade sobre o que já se é, no qual a participação na existência relativa não diminui ou circunscreve esse estado eterno, então pode-se dizer que Deus também está evoluindo junto com toda a criação.

INERÊNCIA E TRANSCENDÊNCIA

Pergunta:

Você mencionou antes que entende Deus como inerente e transcendente. Acho que entendo a parte sobre transcendência, absoluta e imortal, mas o que exatamente significa Deus ser inerente?

Resposta:

Experimentar Deus como inerente significa ter consciência de Deus como a essência mais íntima do nosso ser. Em vez de Deus estar limitado a um princípio de inteligência perfeita e verdade imutável que existe em um reino distante de nós, Deus também é a nossa natureza mais pessoal, que é sentida a cada respiração e está presente em tudo que vemos. Simplificando, a experiência da inerência de Deus é a experiência do amor em nosso coração. Participamos do Divino e o conhecemos na medida em que vivemos a nossa natureza afetuosa e misericordiosa.

A VOZ DE DEUS

Pergunta:
Você já ouviu alguma vez o que pensou ser a voz de Deus? Caso tenha ouvido, a voz era masculina ou feminina? Tenho 55 anos e ouvi três ou quatro vezes na minha vida o que penso ser a voz de Deus, e sempre foi a voz de um homem. Não acredito que Deus seja homem ou mulher. Então porque eu, e talvez a maioria das pessoas, ouvimos a voz de um homem quando ouvimos a voz de Deus?

Resposta:
Não recebo a orientação de Deus como uma voz, mas não nego que outras pessoas possam recebê-la dessa forma. Alguns indivíduos excepcionais podem inclusive ter visões verdadeiras de Deus. Isso realmente se resume à predileção ou à tendência natural de cada um. O mesmo se aplica ao caso de a voz ouvida ser masculina ou feminina. Para mim, a orientação vem como uma comunicação não verbal no coração. Uma das vantagens que aprecio nesse tipo de comunicação é que ela não vem de fora do próprio ser, portanto, não há espaço para manipulação externa, distorção ou dúvida.

ABANDONADO PELO ESPÍRITO DE DEUS

Pergunta:
Como você obtém o espírito de Deus de volta se ele te abandonou por você o ter rejeitado sem saber? Como se pode experimentar o amor ou a vida?

Resposta:

O espírito de Deus nunca pode deixá-lo, independentemente de você achar que o rejeitou ou não. Esse é o fundamento da sua existência, da sua natureza essencial. Você pode achar que o rejeitou e que, portanto, não pode experimentar o amor e a vida, mas o espírito de Deus estará sempre com você. Ao reconhecer essa verdade e se conectar com ela experimentalmente pela meditação ou pela oração, vai senti-la permear sua vida mais uma vez.

TEMER A DEUS

Pergunta:

Hoje, no trabalho, vários colegas começaram a falar sobre o papel das mulheres em um casamento cristão. Falaram sobre como as mulheres precisam de "um homem forte para moldá-las", como os problemas da sociedade são causados pelas mulheres terem muito poder etc. Não me pergunte por que eu sequer me preocupei em falar, mas afirmei acreditar que todo ser humano tem valor igual e que respondo a mim mesma e a Deus (e não a um homem/marido). Um colega, então, declarou com raiva: "Você não responde a Deus, você pensa ser Deus." Ao sentir que estava sendo atacada (outras pessoas estavam entrando na discussão falando sobre a Bíblia etc.), saí rapidamente. Chorei incontrolavelmente por algum tempo antes de perceber que contribuí para esta situação e compartilho a responsabilidade pelo que aconteceu.

Por que esse temor a um Deus severo e sem amor continua a me assombrar depois de eu ter passado anos procurando a verdade em meu coração e minha alma? Meu pai é extremamente religioso, e semeou o temor a Deus em mim. Apesar do abuso, realmente me esforcei para sentir Deus em mim mesma, e vejo Deus como amor puro e aceitação. Conforme minha carta indica, é obvio que tenho dúvidas, pois quando me deparo com um fundamentalista arrogante, fico extremamente brava ou excessivamente emotiva. Como posso fazer as pazes comigo mesma e com a minha percepção de Deus?

Resposta:

Você pode transformar sua relação com Deus aprofundando a própria experiência com o seu Eu mais elevado. A meditação pode ajudá-la a encontrar essa essência divina interior e, no processo, você vai rever sua percepção datada de Deus com a qual foi educada e que já não lhe serve. Com o tempo, você encontrará essa paz dentro de você. Não se sinta mal por ter desencadeado a conversa e os comentários de seus colegas de trabalho. O que você disse era verdade, e a distorção deles sobre isso e o ataque contra você naturalmente machucam. É importante falar a sua verdade, mas não tenha nenhuma expectativa de que os outros a entenderão se eles não tiverem a experiência dentro deles para fundamentá-la.

TORNANDO-SE UM DEUS

Pergunta:

Assisti recentemente a seu vídeo sobre As sete leis espirituais do sucesso. *No final, você diz que somos como "Deuses em embrião" e reconhece que isso soa como um sacrilégio. Bem, eu realmente pensava que havia entendido seus argumentos até você ter dito isso. Sou um cristão não praticante, e a minha fé está fundamentada na Bíblia. Tento manter a mente aberta, mas como posso acreditar que você é uma pessoa boa, se você diz que somos como Deuses, enquanto a Bíblia diz que não devemos tentar ser Deuses? Estou bastante confuso sobre isso. Além disso, recebi uma revista estranha pelo correio em que "Avatares" e "Feiticeiros" escreveram artigos sobre serem como Deuses. Você não é como eles, é? Quero dizer, você não tolera isso, tolera?*

Resposta:

Tolero tudo aquilo que apoia a percepção da verdade da nossa essência mais profunda. As palavras que descrevem essa experiência serão necessariamente inadequadas e podem confundir quem está experimentando diferentes aspectos dessa realidade. Compreendo a sensibilidade em torno desta questão de obter a identidade de Deus.

Até mesmo Ramakrishna, um professor iluminado que muitas vezes falou do êxtase da união divina, disse uma vez: "Não é bom para as pessoas comuns dizer 'eu sou Ele'. As ondas pertencem à água. A água, por acaso, pertence às ondas?" Apenas para esclarecer a questão de ser "deuses em embrião", não estou dizendo que a iluminação significa você, como uma pessoa ou um ego, se transformar no ser Deus, o Criador. Isso certamente é um orgulho falso e perigoso. A onda não é o oceano, mas a onda sabe que não é nada além de água e obtém uma identidade nesse nível. Uma pessoa iluminada ainda é um ser humano, mas sabe que a identidade de sua essência é a inteligência cósmica por trás de toda criação. A partir daí, a pessoa é uma participante plena no processo contínuo de criação, e um modo válido de descrever essa experiência divina é dizer que somos deuses em embrião. Pode parecer um sacrilégio para alguns, mas não acredito que seja contrário à verdade da Bíblia de que todos estamos destinados a nos reunir com Deus.

Oração

COMUNICANDO-SE COM DEUS

Pergunta:

Deus pode ouvir orações e pedidos? Se Ele pode ouvir e é o meu criador, então Ele deve ser capaz de se comunicar comigo. Por que não é?

Resposta:

Deus reside no mais profundo silêncio do nosso coração. Deus não está em algum lugar lá fora, separado de nós. Não nos sentirmos conectados a Deus significa que estamos desconectados da nossa essência mais íntima. Essa é a fonte da vida. Ter uma relação com Deus não é como esperar o telefone tocar para falar com Ele/Ela. Envolve comungar com a paz e o amor no âmago do nosso ser. Quando está ouvindo a partir deste nível, você está ouvindo a voz de Deus, e não é possível haver falha na comunicação.

CARMA E ORAÇÃO

Pergunta:

Gosto de orar bastante, mas às vezes me pergunto se estou sendo míope em minhas orações. Tenho pedido para minha tia se recuperar de um câncer de pâncreas, mas ela não está melhorando. Então penso que, se for questão de carma ou for seu destino ir agora, eu não deveria interferir. O que você acha?

Resposta:

A oração oferecida sem qualquer expectativa será a mais eficaz no alinhamento entre você e a vontade de Deus. É muito natural querer que sua tia recupere a saúde, mas quando rezar, apenas peça que lhe seja dado o que quer que ela precise para sua evolução. Você pode não saber exatamente o que será isso, mas se sua intenção for para as maiores e melhores necessidades espirituais, pode ter certeza de que sua influência afetuosa a ajudará.

A RESPOSTA DE DEUS PARA A ORAÇÃO

Pergunta:

Algumas obras de temática espiritual sugerem que Deus às vezes diz "não" em resposta a um pedido de oração. É uma afirmação justa, ou pode ser que às vezes não oremos de modo eficaz (deixar acontecer, desapego ao resultado etc.) e por isso não obtemos resposta?

Resposta:

Toda oração sempre vai ter resposta, pois é assim que o universo está configurado. A eficácia da oração depende do quanto a nossa consciência e o nosso amor são expansivos enquanto rezamos. Se nossa consciência não é muito calma ou expandida, a resposta à nossa oração não será tão profunda quanto se rezarmos a partir do silêncio do *gap* (espaço vazio entre os pensamentos). Quando somos capazes de manter a oração com amor no silêncio do *gap*, nosso desejo torna-se o desejo da natureza, e se manifestará. Isso significa que deixamos de lado a necessidade de um resultado predeterminado e nos rendemos a qualquer resultado que seja o maior e melhor para todos. O *gap* é um estado de amor perfeito, potencialidade e poder, assim como um lugar de desapego, silêncio e entrega.

PARA QUEM REZAR

Pergunta:
Uma vez que tudo é um e Deus é tudo, quando rezamos, devemos rezar para Deus ou para nós mesmos? Ou para ambos? (Mesmo que não exista essa coisa de ambos. Deus é tudo e tudo é um.) Sinto falta de humildade quando rezo para mim mesmo.

Resposta:
Quando rezamos, estamos assumindo uma relação e uma interação entre nós mesmos como um sujeito, e o foco de nossas orações como o objeto. Portanto, é natural que oremos a Deus, e não a nós mesmos. A realidade da unidade com Deus e toda a criação que existe no âmago do nosso ser não compromete o valor das relações defendidas dentro dessa totalidade, ou unidade.

QUEM ESTÁ OUVINDO?

Pergunta:

Cheguei à conclusão de que sou parte do que chamamos de "Deus"... não uma parte (como em um ser individual ou parte individual), mas parte de Deus. Estou certo de que a identidade final do que chamamos de nosso ser mais elevado é "Deus" e que todos nós compartilhamos essa unicidade. Portanto, na realidade não somos seres individuais, mas compartilhamos a mente única de "Deus"... ou algo assim. As palavras tornam tudo tão pequeno e limitado. É tão óbvio agora como as palavras são apenas ferramentas e não descrevem com precisão coisa ou experiência alguma.

Assim, quando rezo por "mim mesmo" e pelos "outros", embora eu saiba que não existe "eu mesmo" e "outros", quem está ouvindo e respondendo à minha oração? O fato de eu ser parte da mente infinita de Deus faz com que eu realmente interaja com a totalidade que é Deus? Ou a totalidade que é Deus ouve a minha oração individualmente? Sinto que estou realmente encontrando um caminho para compreender isso pela primeira vez na vida.

Resposta:

Tal como a questão de saber se Deus é pessoal ou impessoal, a questão da existência individual ou universal é confundida pela abordagem ocidental que limita a questão em termos de ser "um ou o outro". Na verdade, a resposta é que Deus é "ambos". Se você concebe aquele que responde suas orações como a totalidade de Deus ou como sua perspectiva sobre essa totalidade de Deus, não importa. Há inúmeras outras maneiras de compreender essa realidade que ouve nossas orações, e a experiência dessa realidade é grande o suficiente para incluir todas essas compreensões.

SATANÁS E ORAÇÕES

Pergunta:

Rezei em quatro ocasiões diferentes tendo em vista uma preocupação minha. Busquei e orei desesperadamente pela verdade de Deus com relação à minha vida. Obtive as respostas quando precisei delas, no dia certo, e de tal forma que eu saberia. Incluí em minha última oração relativa a esse assunto, muito mais tarde, talvez meses depois, um apelo para que Deus fizesse o favor de confirmar que as respostas eram dele. Recebi a resposta: sim. Aqui está um exemplo: orei e pedi a Deus outro carro, com marca e cor. E o obtive. Exatamente o que eu pedi. Será que foi Satanás que fez isso? Digo, por que alguém vai orar se vai se perguntar se as respostas são de Satanás ou não? Para mim parece que o medo está em toda parte, em vez da fé em Deus e no universo. Minha pergunta é a seguinte: Deus permitiria que Satanás (que eu não acredito existir) respondesse às nossas orações? Uma entidade chamada Satanás viria e responderia às orações exatamente com o que pedimos? É uma enganação. Que tipo de Deus seria esse? Ele é um Deus que trairia a nossa confiança e fé nele? Minha percepção é de que, se clamarmos a ele, ele responderá. Se meus próprios filhos clamassem a mim pela verdade ou por ajuda, eu não enviaria uma entidade do mal (sem o conhecimento dos meus filhos) para responder ou ajudá-los, algo ou alguém que sei que os enganaria. Pergunto isso porque, como as respostas às minhas orações a Deus não se alinham com as minhas circunstâncias, minha irmã acha que elas vieram de Satanás.

Resposta:

Não estou certo do que você quer dizer quando diz "as respostas às minhas orações não se alinham com as minhas circunstâncias", portanto, não posso dizer por que sua irmã acha que Satanás as respondeu. No entanto, acho que é importante não complicar muito as coisas. Se você rezou a Deus e obteve uma resposta, e depois rezou para Ele para confirmar que havia sido Ele mesmo e obteve um "sim", essa é uma confirmação tão clara quanto se poderia esperar. Não existe uma regra especial que diz que se você obtiver exatamente o que deseja, pode estar envolvido com Satanás. Não transforme esse resultado positivo em uma desculpa para se sentir mal. Desfrute do carro e não se preocupe com o que sua irmã pensa.

Se Satanás de fato tivesse a capacidade de interceder em nome de Deus em quaisquer orações, e depois falar por Deus a qualquer hora que desejasse, como alguém poderia esperar conhecer Deus?

Como Buda disse: "Duvide de tudo e, em seguida, duvide da dúvida."

DEVOÇÃO AO PROFESSOR

Pergunta:

Fiquei me perguntando se você poderia esclarecer minhas dúvidas sobre as diferenças, se é que existem, entre a minha compreensão de oração e de devoção. Estou lendo sobre os santos védicos, e sinto que gostaria de devotar, de alguma forma, algo de mim ou ações para o Guru Dev. Gostaria de saber se essa é uma boa prática espiritual. Entendo que os discípulos desses santos desempenham diariamente o puja e os honram em pensamentos e ações, mas será que para um "chefe de família" comum isso é apropriado? A oração é benéfica para Deus, para santos, ou para ambos?

Resposta:

Na Índia, é costume qualquer pessoa que tiver vontade fazer o puja para seu professor. Não se trata de uma prática reservada aos santos ou renunciantes. Qualquer pessoa de qualquer idade que saiba como fazer o puja é bem-vinda. É uma questão de coração, e não obrigação, portanto deixe seus sentimentos guiá-lo.

Não tenho como dizer se a oração é benéfica para Deus ou não, mas é valiosa para aquele que ora.

ORAÇÕES E CAMPOS MORFOGENÉTICOS

Pergunta:

Recordo-me de ler sobre sua prática de visitar locais sagrados sempre que viaja, e também me recordo de ler sobre os campos morfogenéticos nesses locais e como eles podem ajudar a explicar, ou pelo menos contextualizar, curas milagrosas e assim por diante.

Gostaria de saber se você acha que pode haver um fenômeno semelhante associado à verbalização de orações antigas. Quero dizer, você acha que existe algum tipo análogo de "efeito quântico cumulativo" quando as mesmas vibrações entram na atmosfera repetidamente, por exemplo, ao recitar o "Pai Nosso" ou a "Ave Maria" ou uma passagem querida dos Upanixades?

Se os campos morfogenéticos têm validade, não pareceria possível que houvesse algum tipo de efeito quântico cumulativo das mesmas orações antigas sendo verbalizadas (e vibradas na atmosfera) repetidamente, em vez de simplesmente conversar com Deus ou com seu mais profundo eu, com quaisquer palavras que se escolha, que não tenham "vibrações acumuladas"?

Resposta:

Mantras e orações tradicionais representam uma tecnologia avançada de consciência por meio da qual criamos um campo morfogenético que facilita a manifestação das nossas intenções. Você está certo ao dizer que esse é um uso mais eficaz da inteligência da natureza para manifestar desejos do que apenas conversar com nosso ser interior. O efeito cumulativo de todos aqueles que usaram a mesma oração realmente tem um impacto. No entanto, mais importante do que isso é até que ponto as frequências do valor do som do mantra entram em ressonância com aqueles impulsos criativos primordiais da nossa consciência e o quanto podemos apreciar esses impulsos no silêncio da nossa consciência.

MANIFESTAR INTENÇÃO A PARTIR DO *GAP*

Pergunta:

Estou relendo seu livro As sete leis espirituais do sucesso *e estou confuso sobre como tornar o desejo e a intenção claros ao entrar no gap, o espaço silencioso entre os pensamentos no qual meu verdadeiro eu pode ser encontrado. Quando medito, tento não ter nenhum pensamento ou conversa interior em andamento. Tento ficar em silêncio. Quando rezo, é claro, falo com Deus, agradeço e expresso as minhas necessidades. Porém, quando medito, tenho dificuldade de pedir seja o que for ou expressar necessidades sem perturbar o silêncio interior. O que estou fazendo de errado? É óbvio que está faltando alguma coisa!*

Resposta:

Você está certo ao dizer que manifestar intenções a partir do *gap* não é meditação nem oração. A maneira mais simples de apresentar a intenção no *gap* é já estar em um estado meditativo após o período de meditação. Em silêncio, você introduz a intenção sem esforço e depois a deixa de lado, e retoma a consciência de autorreferência. Depois de um pequeno intervalo, você pode repetir gentilmente as intenções e deixá-las voltar ao *gap* mais uma vez. Pode continuar o processo pelos poucos minutos que reservou para essa prática.

ENCONTRANDO SEUS TALENTOS

Pergunta:

Preciso de ajuda para fazer uma lista dos meus talentos especiais. Não tenho certeza se eu já os descobri ou se realmente são os meus verdadeiros talentos. Você tem alguma sugestão de como facilmente descobrir os meus talentos de fato?

Resposta:

Para descobrir quais são as suas capacidades especiais, você pode meditar e depois, em silêncio, perguntar ao seu Eu mais elevado: "Qual a melhor forma em que posso ser útil?" Ouça com o coração o que surge nesse silêncio e procure reconhecer o que ouvir. Não julgue ou rejeite a resposta como impraticável ou trivial ou grandiosa, apenas a escute e aceite. Muitas vezes, as pessoas que me dizem estar com dificuldade para descobrir o que fazer da vida não têm dificuldade para obter a informação, só têm problema em aceitá-la.

Permita que a mente se acomode de volta na quietude e repita a pergunta. Mais uma vez, ouça e aceite. Faça isso por cerca de cinco minutos. Pode ser que chegue sempre à mesma resposta, ou pode acabar com uma lista de talentos diferentes. Não importa, ambas estão corretas. Você não tem que fazer disso um exercício para determinar qual talento especial o torna diferente de qualquer outra pessoa na face da terra ou para descobrir qual é o seu grande propósito na vida. Basta saber qual a melhor maneira de ser útil neste momento.

Carma e destino

CARMA

Pergunta:
Sei que tudo o que vai, volta, mas qual é a outra explicação possível quando a punição é severa demais? E se a pessoa acredita em dançar conforme a música e também é um capacho por causa do medo, e a negatividade que vem é por vingança ou um disfarce de algo muito cruel feito para outro ser humano?

Então, quando a negatividade volta, há outra explicação possível além de "tudo o que vai, volta"?

Resposta:
O Carma é um princípio simples de ação, e seus efeitos são proporcionais à ação inicial. Quando as pessoas caracterizam o conceito de carma com a frase: "tudo o que vai, volta", esta o deturpa, pois o define como um preceito moralista. Não há nada na ideia do carma que se estenda para punição severa ou crueldade. O modo como interpretamos os acontecimentos da nossa vida como vítimas de punição ou não, nada tem a ver com o carma.

Se você está sugerindo que uma pessoa tranquila e rotulada como capacho atrairá experiências negativas para além do âmbito do seu próprio carma, eu discordo. De acordo com a filosofia do carma, o que quer que aconteça conosco é, por definição, nosso carma. Você não deve interpretar as dificuldades em sua vida como punição, porém, se quiser mudar essas circunstâncias, é preciso aceitar sua propriedade e responsabilidade.

INTENÇÃO E DESTINO

Pergunta:
Acredito fortemente no destino e que cada alma tenha uma vida determinada para viver antes de encarnar em um corpo físico. A minha pergunta é sobre o que acontece quando uma pessoa é muito espiritual e vive uma vida cheia de manifestação e intenção positiva, desejando seriamente um casamento, por exemplo. Se o plano para esse indivíduo for que ele viva uma longa vida de solteiro, esta manifestação nunca será frutífera? Em suma, a intenção e a meditação persistente e consistente sobrepõem-se ao destino, ou o destino não é totalmente preto no branco e é capaz de ser alterado de acordo com a intenção?

Resposta:
A intenção pode se sobrepor ao destino ou a um legado cármico que não serve mais ao propósito de alguém. O que deve ser lembrado é que, o que agora é um destino, outrora foi uma escolha ou intenção. As consequências de longo prazo do que uma vez desejamos em nosso passado são vivenciadas agora como nosso presente destino. Para que as nossas intenções atuais reescrevam essa programação,

não basta repeti-las intensamente. Precisamos ser capazes de projetar nossas intenções a partir do âmago, da nossa consciência silenciosa. Os desejos enviados a partir desse campo de todas as possibilidades têm base para a manifestação plena.

DEIXANDO DE LADO A INTENÇÃO

Pergunta:
Tenho tentado manifestar meus desejos e não chego a lugar nenhum. Sempre acreditei em pensamento positivo e, no ano passado, li A lei da atração — O segredo *colocado em prática e acho que levei o pensamento positivo um passo à frente. Não consigo fazê-lo funcionar para mim. Tentei manter meus pensamentos no que estou tentando manifestar e não ficar desanimado pelo fato disso não acontecer. Então descobri seu website e, agora, um de seus livros,* O livro dos segredos, *e compreendi que você acredita em "deixar de lado". Eu simplesmente não entendo isso.*

Estou tentando manifestar meus desejos, mantendo minha intenção como prioridade clara na mente. Se eu deixá-la de lado e desistir, não terei desistido dos meus desejos? Não consigo conectar isso aos conceitos em minha mente, e não sei como deixar a intenção de lado. Será que você pode me esclarecer isso?

Resposta:
Deixar de lado sua intenção significa retornar à consciência simples do seu eu silencioso. Essa experiência é cultivada pela meditação. Assim, você pode querer fazer a prática da manifestação logo após a meditação.

Outro aspecto a ter em mente sobre o "deixar de lado", ou desprendimento, é que, longe de desistir de seus desejos, é de fato o único caminho para sua intenção se manifestar plenamente. Quando dizemos que queremos manifestar pela nossa intenção, estamos sugerindo que queremos que as forças da natureza sejam atraídas para o nosso desejo e o apoiem na manifestação. Se nos apegamos ao desejo com nossa consciência condicionada, estamos impedindo que os poderes do universo sejam atraídos para nossa intenção e a realizem.

É como querer usar o vento para que sua pipa voe, mas sem desprendê-la do chão, ou querer que o fluxo da corrente leve seu barco rio abaixo, mas sem querer soltá-lo.

CARMA

Pergunta:
Como saber quais são os carmas que devo resolver por conta própria? Cabe a mim? É possível me enganar em relação a isso? Ou seja, achar que o carma que tenho que resolver é um, mas na verdade ser outro?

Resposta:
O carma na sua vida é organizado automaticamente a partir de um nível subconsciente de sua psique, de acordo com o que você precisa experimentar e de quando é preciso que isso aconteça. Às vezes o que você precisa resolver em termos de assuntos de saúde ou problemas de relacionamento é óbvio, e às vezes não é. No entanto, se foi manifestado em sua vida, está aí para ser resolvido.

CARMA DA FAMÍLIA

Pergunta:

Não entendo como o seu carma é combinado com o das pessoas imediatamente próximas a você. Se, nesta vida, me causa uma grande angústia ver meu filho, irmão, irmã ou outra pessoa muito próxima sofrer, de quem é esse carma? O carma de sentir a dor deles é meu, ou o carma é deles? Ambos estamos pagando um débito cármico? Se assim for, como o universo faz para combinar o débito cármico? Sei que isso pode soar simplista.

Resposta:

A explicação de como o carma individual relaciona-se com o carma coletivo é tudo, menos simplista. Mesmo todas as ramificações de um único acontecimento na imensidão do universo pelos tempos são incalculáveis, e isso sem falar das interações em curso de todas as ações desempenhadas por um grupo de indivíduos.

Para esclarecer sua pergunta é preciso estabelecer a distinção entre a compaixão e a empatia que você sente por sua família e o real carma compartilhado. Você pode sentir uma profunda tristeza e dor porque um ente querido está sofrendo, talvez porque seja um viciado em drogas. No entanto, essa dor empática é muito diferente do carma de compartilhar o mesmo vício na droga. Com certeza há carma compartilhado em toda família, e a dor profunda em qualquer membro da família terá algum impacto sobre os outros membros de uma família unida. A extensão do seu carma com um membro da família em sofrimento é um aspecto complicado, e depende de suas próprias ações do passado. O carma no presente sempre corresponde a alguma ação individual ou coletiva do passado.

CARMA NA INFÂNCIA

Pergunta:
Como o carma das ações desempenhadas durante a infância de uma pessoa afeta o débito cármico? Estou agora com 30 e poucos anos. Quando tinha uns 7, estava na casa de uma amiga e notei que havia uma sala de oração (Pooja). Eu sabia que minha amiga e sua família eram muito devotos e consideravam a sala de Pooja um ambiente sagrado. Bem, durante nossa brincadeira houve alguma discussão, e me lembro vagamente de ter ficado muito bravo com a minha amiga. Como eu era meio irreverente naquela idade, decidi mostrar a ela que eu era uma espécie de super-humano. Fui em frente, entrei na sala de Pooja deles e fiz algumas coisas estúpidas e desrespeitosas. Não preciso dizer que ela ficou chocada e relatou imediatamente minha atitude para seus pais.

Os anos se passaram, eu cresci, e nunca, jamais pensei sobre aquelas ações novamente. Há cerca de cinco anos, desenvolvi um interesse em espiritualidade e meditação, e aprendi a meditar. Quando comecei a experimentar a meditação, esta imagem da minha infância surgiu de repente! Na imagem, me vi cometendo alguns sacrilégios e ações desrespeitosas em um ambiente sagrado cheio de divindades. Eu me senti profundamente triste e arrependido, então orei a Deus pedindo perdão pelas minhas ações irresponsáveis. Tive a minha parcela de infortúnios e fracassos recentemente em minha vida e, de alguma forma, sempre responsabilizo aquelas ações passadas. (Eu acredito que esteja pagando o preço por tudo que fiz na época.)

Como posso saber se as minhas ações de quando era menino foram perdoadas? Algum dia vou ficar completamente livre do mau carma resultante disso? Será que Deus considera as ações de uma criança ignorante como basicamente inocentes e não as julga como atos de pecado? Em que idade nossas ações assumem o nível de responsabilidade e prestação de contas que justifiquem os veredictos cármicos?

Resposta:

Você está sendo muito duro consigo mesmo por algo que você fez quando estava agindo sob a fúria da infância, e não com malícia consciente. Nós não assumimos de repente a total responsabilidade por todas as nossas ações em uma idade específica. A responsabilidade é proporcional ao nosso nível de autoconsciência, o que varia de indivíduo para indivíduo. Para a maioria das pessoas, é na adolescência que ocorre o maior salto quântico nesse processo.

As repercussões do incidente trivial da sua infância já foram descartadas há muito tempo, portanto, você não precisa de mais nenhum perdão. Deus o perdoa automaticamente, mas o que você precisa fazer é perdoar a si mesmo, de modo que possa seguir sua vida em frente. Coloque o evento em perspectiva e tenha consciência de que não foi o seu verdadeiro eu que foi desrespeitoso.

DEIXANDO A ESCOLHA DE LADO

Pergunta:

Se deixarmos de lado nossa própria escolha, a vontade de Deus, que é infinitamente mais previdente do que a nossa, vai assumir a nossa vida então?

Resposta:

Dispensar a própria escolha não é necessariamente uma maneira automática de se render à vontade de Deus. Optar por deixar de lado a escolha em si é uma escolha. Além disso, não fazer escolhas é diferente de estar conscientemente alinhado com a vontade de Deus. Ainda assim, acho que a essência da sua ideia está correta, no sentido de que, se pudermos abrir mão da falsa sensação do ego de controle e escolha, e identificarmos a inteligência cósmica do seu Eu mais elevado, descobriremos que a vida flui sem esforço e a nossa vontade torna-se uma cocriadora com a vontade de Deus.

DESEJOS INDIVIDUAIS *VERSUS* UNIVERSAIS

Pergunta:
Tem uma questão que me assombra. Tenho desejos, e aprendi com você como se procede para realizar esses desejos: visualizando-os a partir do gap *(espaço vazio entre os pensamentos) e liberando-os sem apego. Eu me sinto dividido em relação aos meus desejos e tenho esse forte sentimento de que eu deveria simplesmente deixar que Deus/o universo me proveja do que considera ser necessário porque Ele conhece o caminho para minha felicidade melhor do que eu. Sinto-me envergonhado por ter desejos e deixei de rezar por qualquer coisa que não seja orientação proveniente do espírito. No entanto, ainda assim, tenho desejos.*

O que posso fazer em relação a isso? Creio que não tenho convicção de que meus desejos sejam o melhor para mim, porque não consigo ter uma perspectiva abrangente.

Resposta:
Quando desejamos a partir do *gap*, já não somos uma personalidade isolada e limitada que quer algo. Somos o universo criando de dentro sua própria potencialidade

pura, de acordo com o que é necessário naquele tempo e espaço. Esse é o mecanismo interior de segurança para criação do desapego do domínio quântico. O que quer que se manifeste a partir da nossa intenção a esse nível é o que a inteligência cósmica precisa para se manifestar. Não devemos nos preocupar se deveríamos ter desejos pessoais ou não. Nós os temos de qualquer maneira, portanto, podemos também usá-los para nos libertarmos. Ao nos alinharmos com a vontade cósmica, tornamos possível que a natureza crie através de nós o que for necessário naquele momento.

DEUS E O DESTINO

Pergunta:
Vivo em uma das ilhas localizadas no sul do Japão. Em uma das ilhas espirituais, os xamãs ainda desempenham um papel importante em determinadas ocasiões e em eventos sagrados. Alguns xamãs são capazes de se conectar com um mundo elevado e de transmitir às pessoas as palavras de Deus e o futuro de um indivíduo.

Não é irônico que alguém saiba o meu futuro e eu não? Será que a vida de alguém é definida quando ela nasce? O destino dos indivíduos pode mudar? A pessoa que está tentando ser alguém melhor, tentando alcançar a iluminação, pode ter uma limitação nesta vida atual pelo seu destino?

Resposta:
Os xamãs de que você fala, capazes de ler os padrões ocultos da natureza, não existem apenas no Japão. Indivíduos com essas habilidades sempre estiveram conosco em todas

as partes do mundo. Sua capacidade de ver um futuro do qual nós mesmos podemos não estar cientes não me parece irônico se considerarmos que o que eles leem são tendências da vida estabelecidas por um indivíduo para o seu plano de vida. Esse plano, não importa o quão detalhado seja, pode ser modificado ou substituído por meio do nosso livre-arbítrio. Seja qual for o destino estabelecido por nós, este não apenas pode ser modificado, como de fato está em constante mutação em função das escolhas que fazemos.

GRAÇA

Pergunta:
Qual é o papel que a graça desempenha em relação ao carma? Se eu machucar alguém e buscar de verdade o perdão, estarei livre da consequência de ter machucado essa pessoa? A graça pode cancelar a reação da ação?

Resposta:
A graça é o estado de liberdade que existe em cada ação e em cada momento da existência. É um estado da consciência em que a força da presença amorosa de Deus se sobrepõe ao nosso apego às leis de causa e efeito.

A redenção sincera pode abrir esse estado de graça dentro de nós e nos libertar das limitações do carma. A graça não cancela a reação da ação. Não é que o princípio de causa e efeito no carma seja alterado, mas a natureza do carma é alterada quando a consciência do executor muda.

O que chamamos de carma é, na verdade, uma síntese da consciência do agente, da ação e do objeto da ação. O estado de graça existe como uma escolha possível para estar na presença de Deus a qualquer hora. Quando fazemos essa escolha e transformamos nossa consciência, alteramos o componente que podemos da equação cármica. Ao mudar nossa consciência, alteramos a influência do nosso carma. Se ferimos alguém no passado e depois alcançamos um estado de redenção e amor verdadeiros em relação àquele incidente, significa que conseguimos alcançar o objetivo que a reação teria destinado a nós como aprendizado. De maneira simplista, podemos dizer que a parte emocionalmente dolorosa do carma é alterada e que apenas os aspectos mais mecânicos do carma permanecem.

Na realidade, o carma é extremamente complexo. Estamos gerando carma o tempo todo por meio dos nossos pensamentos, daquilo que falamos e de nossas ações. Até mesmo respirar e caminhar são ações que influenciam os outros, nosso ambiente, e todo o universo. Multiplique isso pelo número de seres vivos que já existiram e, em seguida, calcule como todos esses carmas influenciam uns aos outros ao longo do tempo e do espaço. Assim, dá para entender o que levou os *rishis* a dizer que o carma é incomensurável. Sem a liberdade que a graça oferece, não haveria nenhuma maneira de sair do labirinto da relatividade.

REMOVENDO O CARMA

Pergunta:
Conheci uma pessoa que afirma ser iluminada e poder ajudar a remover o carma das pessoas e guiá-las para um lugar de iluminação. Essa pessoa tem muitos seguidores, e muitos

parecem estar se beneficiando da experiência. No entanto, fiquei ofendido pela forma como ela parece reivindicar o mérito pela transformação dos outros. Fico me perguntando por que estou ofendido. Por que isso me incomoda tanto? Acho errado ficar com mérito pela transformação dos outros. Acho que é prejudicial, em última análise. O que você pensa sobre isso? Alguém iluminado pode remover o carma dos outros?

Resposta:

Sob um aspecto técnico, o carma nunca é removido como tal. Carma é ação e, assim como a lei da física de conservação de energia, ele não pode ser criado ou destruído, apenas transformado. Portanto, a influência de vínculo com a ação do passado, ou carma, pode ser transformada pela consciência, se assim optarmos. Alguma outra pessoa, iluminada ou não, desde que qualificada, pode nos ajudar com essa transformação se quisermos, mas ainda assim a transformação e a escolha são nossas. Não sei em que sentido essa pessoa reivindica o mérito pelo crescimento dos outros, mas a pura verdade é que nenhuma transformação real da nossa consciência pode ser feita por um terceiro. Não há nada de errado em obter ajuda e apoio na evolução da nossa consciência, mas essa é uma jornada de autorrealização e, em última análise, ninguém pode fazer isso por você.

DEUS E O DESEJO

Pergunta:

Em seu incrível livro Como conhecer Deus, *você diz que Deus não tem desejos, mas também já ouvi você dizer para*

se deixar levar pelo impulso do momento (minhas palavras).
Tudo o que acontece comigo vem de mim, do meu carma?

Resposta:

Desde que nos identifiquemos com nossas experiências e percepções, com nosso Eu mais elevado, em vez do experimentador interior, os impulsos que surgem em nossa mente e que chamamos de desejo vêm do carma passado. Mesmo a inspiração vinda de Deus, ou a orientação proveniente do Eu mais elevado, ainda será filtrada por nossa natureza individual e, consequentemente, será personalizada.

Deixar-se levar pelo impulso do momento, ou viver o presente, sugere que estamos aprendendo a participar do jogo da vida sem a sobrecarga do nosso condicionamento passado ou das expectativas do futuro. Quando vivemos plenamente a Resposta Sagrada, a ilusão de que a nossa vontade individual está separada da Vontade Cósmica é dissolvida. Nesse estado, não temos mais desejos no sentido convencional. Continuamos a ter necessidades biológicas e gostos e desgostos pessoais, mas não há nada do lado de fora do Eu mais elevado, e não há nada que falte preencher, portanto não existe desejo de se tentar preencher algo.

TRANSCENDENDO O CARMA

Pergunta:

Ao falar sobre a lei do carma em As sete leis espirituais do sucesso, você diz que temos que pagar nosso próprio débito cármico ao universo a todo custo. Mas você também diz que o carma pode ser transcendido pela purificação da alma através da meditação. Não há uma contradição entre essas duas ideias? Além disso, carma e destino são a mesma coisa? É realmente possível superar os efeitos do carma (ou os preceitos do destino)?

Resposta:

Quando transcendemos o carma, na verdade estamos pagando o débito cármico ao nível mais sutil da criação. As leis da natureza responsáveis pela realização do carma de qualquer ação particular são todas baseadas nos impulsos mais sutis da nossa consciência. Quando nos voltamos para dentro e experimentamos a consciência de autorreferência, permitimos que o débito cármico seja normalizado dentro do dinamismo silencioso da nossa consciência sem termos de pagar o carma no mundo físico. Assim, por exemplo, o carma de um pé quebrado pode ser neutralizado completamente através da meditação, ou abrandado meramente para um tornozelo torcido ou um dedo do pé esmagado.

O espiritual e o físico

ESPIRITUALIDADE E O MUNDO REAL

Pergunta:

Quando me mudei para Los Angeles, senti que estava em um lugar animado e profundamente espiritual. Estava ansioso para explorar a cidade, ansioso para fazer amigos, construir uma carreira, atrair pessoas com o mesmo tipo de mentalidade, etc. Vinha praticando bastante meditação, fazendo caminhadas tranquilas na natureza, tentando enxergar mais o interior das pessoas do que suas superficialidades e inseguranças, e estava com a mente muito aberta para a vida em si.

Esse lugar místico em que eu estava vivendo infelizmente parecia ficar cada vez mais deteriorado em função da realidade, com o passar do tempo. Fui traído continuamente por amigos em quem confiava. Os locadores de imóveis fizeram o mesmo. Os empregos foram angustiantes e os colegas de trabalho revelaram-se algumas das pessoas mais fofoqueiras, tóxicas e desagradáveis que já conheci. As relações amorosas foram ainda piores. Não entendo isso. Sinto que quanto mais confio e mais cresço espiritualmente, mais as pessoas me consideram ingênuo, tolo ou possivelmente apenas um alienígena de outro planeta. Como se eu tivesse me tornado, de certa forma, uma pessoa gentil demais, misericordiosa demais, ou disposta demais para conseguir perceber as dores e a divindade das pessoas, ou talvez apenas emotivo demais em assuntos que eram essencialmente simples e objetivos para os residentes "típicos" de Los Angeles. Discernimento é algo complicado, e que leva a muita angústia e sentimentos de traição espiritual e, às vezes, a uma crença de que a espiritualidade em dose muito forte pode realmente deixar a pessoa vulnerável a ataques desferidos pelo "reino mortal".

Acho que a minha pergunta é a seguinte: ao seguir pelo caminho em direção ao estado de evolução da consciência, quando tudo à nossa volta parece uma enxurrada de energia predatória, como você mantém o equilíbrio de permanecer espiritualmente centrado e não se deixar tornar-se tão "cósmico" a ponto de perder o contato com a realidade? Como se levantar, fazer valer a sua alma e se sentir capacitado nesse mundo, quando tão poucos operam de dentro de um reino superior de consciência, para começar?

Resposta:

Acho que você está pronto para expandir o seu conceito de espiritualidade de modo a envolver o "mundo real" exatamente como ele é. A vida espiritual que depende de os outros viverem de acordo com o seu ideal do que eles devem ou não fazer é impossível. As pessoas vão permanecer como são, às vezes afetuosas e cheias de compaixão, às vezes desonestas e cruéis. O que elas dizem ou fazem não afeta sua espiritualidade; tornar o momento uma experiência tóxica e superficial ou espiritual e profunda é algo que depende estritamente de você. Não me leve a mal, a meditação e as caminhadas tranquilas são importantes, mas são uma maneira de lhe dar uma base inabalável para se envolver espiritualmente com o mundo da forma como ele se encontra no momento. Meditação e conexão com almas de mentalidade similar são práticas para fixar a identidade à sua verdade essencial, e não são destinadas a ser uma realidade espiritual separada para escapar dela, ou um ideal de vida que você espera que os outros tenham. Se você puder deixar de lado sua ideia de como as pessoas espirituais de Los Angeles devem agir, você estará livre de decepção, traição e da angústia que tem sentido. Na verdade, as pessoas estão simplesmente sendo quem são e fazendo seu melhor a partir do conhecimento que elas têm no momento.

CINCO SENTIDOS E CINCO ELEMENTOS

Pergunta:
Existe alguma correlação entre o ego que mantém os cinco sentidos e os cinco elementos que percebemos — espaço, ar, fogo, água e terra? Em outras palavras, os cinco elementos que percebemos dizem algo sobre nossa forma de percepção? Gostaria muito que você pudesse discorrer sobre isso.

Resposta:
No sistema Sankhya da filosofia indiana, no qual as diversas qualidades do surgimento da criação a partir da consciência são enumeradas, há uma correlação direta. Mais especificamente, há cinco aspectos sutis dos elementos chamados tanmatras, que são: cor, som, cheiro, sabor e toque. Esses tanmatras surgem da natureza primordial (Prakriti) juntamente com os cinco sentidos. Os cinco tanmatras, após uma manifestação grosseira transformam-se nos cinco elementos, ou seja, fogo, espaço, terra, água e ar.

CIÊNCIA E FÉ

Pergunta:

Em relação ao seu livro Ciência x espiritualidade — Dois pensadores, duas visões de mundo, *talvez ambos os lados precisem sair de suas estruturas de crença. A ciência é a tentativa da humanidade de desenvolver teorias para compreender o funcionamento do universo. A fé usa a crença para desenvolver "alguém" que compreenda o universo para que não tenhamos de fazer isso. Nenhum dos dois está certo, pois ambos são métodos para lidar com a incerteza assustadora do ser humano de que é uma entidade autossustentável e autossuficiente em um universo amplo. Odiamos pensar que não compreendemos ou odiamos acreditar que estamos sozinhos no universo, e o medo do desconhecido nos empurra para um extremo ou para o outro.*

No final, ambos os métodos são apenas mecanismos para lidar com o medo.

Resposta:

Apenas para esclarecer: os pontos de vista no livro são ciência e espiritualidade, e não ciência e fé. A forma como apresentei o lado da espiritualidade no livro foi com a proposta de desenvolver a experiência da consciência fundamental de cada um, e não de tomar emprestado as crenças e a fé de uma tradição religiosa. Incorporar a experiência da consciência, com o conhecedor dentro, ou como você a denomina, a entidade autossuficiente, é exatamente onde tanto ciência quanto religião precisam se expandir, a fim de se encontrarem e se complementarem. É nessa experiência espiritual essencial, que é o fundamento da nossa própria existência, que reconhecemos nossa identidade com o cosmo. O medo não existe nessa experiência de totalidade.

PIRÂMIDE DE LUZ

Pergunta:

Alguns anos atrás, um amigo e eu estávamos em sua varanda observando as estrelas, quando reparei que as estrelas pareciam hieróglifos, como os das pirâmides. Foi um choque. Penso nisso todos os dias desde então e me pergunto: será que sou o único a me sentir assim?

Resposta:

Você talvez fique surpreso ao saber que as pessoas têm variações dessa mesma experiência há milhares de anos. Em *Os Yoga Sutras*, Patanjali descreve a experiência de fazer uma prática de meditação usando o sutra da Estrela Polar e, nessa experiência, ele menciona algumas das características estruturais fundamentais que você mencionou. Além disso, Platão, em seu livro *A República*, fala de uma experiência semelhante de uma cúpula de estrelas em torno de um eixo central como parte da apreensão da alma em relação à forma da verdade. Parece que o ambiente e sua predisposição mental na época permitiram que você tivesse um vislumbre espontâneo de uma das estruturas mais profundas da sua própria consciência.

DEUS E O VAZIO

Pergunta:

O vazio, o não manifesto, permeia e penetra todo o universo e, aparentemente, todas as coisas. Portanto, o manifesto e o não manifesto estão interligados. Moléculas, átomos e partículas subatômicas, todos parecem ser espaço vazio em grande parte. Duvido que esse espaço seja realmente vazio. Em vez disso, acredito que seja preenchido pelo ser e pela presença de Deus, o Supremo, que está mantendo todas essas partículas em órbita ou em manifestação e impedindo que tudo rume para o caos ou para a desintegração. Pessoas religiosas dizem que Deus está sempre presente, que nunca estamos sozinhos. Deus está sempre presente no vazio sobre o qual pode parecer que o universo está construído, como uma matriz do ser, da presença e do espírito divino? Se assim for, tudo é Deus, talvez, especialmente (ou não!) o vazio. Estou certo?

Resposta:

Parece certo para mim. Podemos dizer que tudo é Deus, no sentido de que a presença de Deus é inerente a tudo. O que chamamos de espaço vazio é apenas uma forma de descrever uma distância sem partículas mensuráveis. Em mecânica quântica, o fundamento da matéria é descrito como um campo que é não local e contém tudo em potencialidade, por isso não é nem vazio nem espacial. Deus certamente é inerente a toda criação, manifesta ou não manifesta, mas Deus é transcendental para a criação, assim como para todos os nossos conceitos de Deus também. Esse é o mistério da realidade suprema.

TEORIA DAS CORDAS

Pergunta:

Tenho essa teoria há anos e pensei que você talvez pudesse esclarecê-la para mim. Ouvi falar recentemente sobre a teoria quântica chamada de Teoria das Cordas: absolutamente tudo no universo, ou seja, todas as partículas que compõem a matéria e as forças, é composto de minúsculas cordas vibrantes fundamentais. Achei isso estranho, pois sempre acreditei que dentro de nós, na verdade, ressoasse um tom musical. E, inconscientemente, essas oscilações dos nossos corpos podem imediatamente determinar a compatibilidade de um com o outro. Esse poderia ser o motivo de uma pessoa poder (intuitivamente) sentir se é possível se dar bem com alguém ou não, mesmo que não se conheçam. Na verdade, nosso corpo emite notas de oscilação que harmonizam ou colidem.

Procurei encontrar informações sobre isso para ver se estou recordando uma teoria antiga, mas não obtive resultados. Será possível que a nossa história (como seres humanos) esteja tão incorporada dentro de nós, que já sabemos todas as respostas?

Resposta:

Acredito que a Teoria das Cordas na física seja compatível com a teoria da ressonância da personalidade. No entanto, a Teoria das Cordas, conforme expressa pela maioria dos físicos, não fala com a subjetividade da consciência, embora esse campo fundamental da existência deva incluir tanto a realidade objetiva quanto a subjetiva da consciência, para ser verdadeiramente universal.

A ideia de que a criação surge pelas frequências básicas não teve origem com a Teoria das Cordas. Você pode encontrar esse princípio em quase toda tradição sagrada ao redor do mundo. Os upanixades falam que toda a criação manifesta-se a partir dos sons primordiais dos Vedas. Além disso, os pitagóricos ensinaram que a beleza e a harmonia da natureza poderiam ser entendidas por meio da matemática e da música, com a música sendo uma forma estética e subjetiva, e a matemática, uma forma analítica e objetiva de adquirir conhecimento. Essas ideias foram desenvolvidas e repassadas nas tradições neoplatonistas. Pode-se encontrar mais dessas ideias em alguns dos pensadores filosóficos do século XIX. No livro *O jogo das contas de vidro*, Hermann Hesse escreveu sobre aqueles que herdaram essa tradição de conhecimento. Se você gosta de teoria musical, talvez aprecie um livro chamado *Akroasis*, de Hans Kayser.

O MUNDO COMO ILUSÃO

Pergunta:

Li Como conhecer Deus *muitas vezes. Quanto mais eu leio, mais depressivo eu fico. Estou em busca da iluminação e do controle sobre as tentações dentro de mim. Devo entender que este mundo e a interação entre os meus entes queridos e os outros é tudo uma ilusão? Que nunca vou ter nenhum contato com meus entes queridos depois que eu morrer? Que a união final com Deus não vai trazer "nem alegria nem dor", simplesmente nada? Sou o que sou?*

Resposta:

Sinto muito que você esteja se sentindo depressivo após ter lido o livro. Acho que você interpretou errado alguns pontos importantes. Não precisamos olhar para o mundo como uma ilusão, como algo que não está lá e que não importa. O mundo é feito de consciência, a matéria da nossa consciência, e por isso é tão real quanto nós mesmos, porém, sua forma e aparência não são permanentes, não são sua essência pura. O estágio final da iluminação, em que percebemos que nossa identidade suprema Atman é a mesma que

Brahman, a verdade universal da existência, a experiência quintessencial da felicidade e da realização. Não é "nada". A autorrealização não nega suas relações interpessoais com seus entes queridos. Ela pode apenas aprimorá-las. A marca registrada desse estado é a vida vivida com felicidade, conhecimento, amor e todas as possibilidades.

O CARÁTER COMUM DAS EXPERIÊNCIAS ESPIRITUAIS

Pergunta:

Quando eu tinha 20 anos, há cerca de 12 anos, tive uma experiência espiritual. Mais tarde, descobri que minha experiência havia sido a mesma de pessoas que descreviam o contato com Deus ou a iluminação. Desde então, escrevo sobre a consciência externa que decidi chamar de "omniverso". Acredito que a fonte desse conhecimento seja o omniverso, ou Deus, ou o Campo. Você tem ideias sobre a fonte de experiências espirituais? Acha que se trata de uma experiência comum?

Resposta:

A essência de nossa natureza é espiritual. Nosso Eu verdadeiro é aquela consciência pura externa que cria, sustenta e permeia o universo. Portanto, a fonte da experiência espiritual é o contato com a nossa própria e autêntica consciência fundamental. Chamá-lo de omniverso é bom, desde que você compreenda claramente que esse conhecimento não está separado ou independente do seu verdadeiro Eu. Não está "lá fora", é o seu Eu mais íntimo.

As experiências espirituais desse tipo sempre foram acessíveis e parte integrante da tradição da evolução da consciência, mas essas experiências de estados mais elevados de consciência estão se tornando cada vez mais frequentes à medida que a humanidade evolui para uma mudança coletiva.

ATEÍSMO ESPIRITUAL

Pergunta:

Estou em uma busca espiritual há anos e troquei a religião organizada por uma espécie de combinação da filosofia Budista com o ateísmo. Medito e pratico ioga, partes integrantes da minha vida diária. Sei que há muitas pessoas que dizem não fazer mais parte de uma religião organizada e nem mesmo acreditar em Deus no sentido tradicional, mas parecem acreditar em uma "fonte" ou "no universo" ou "em um poder". Eu realmente odeio dizer isso, mas não entendo. A crença em um desses não continua sendo uma crença em um poder sobrenatural, "no Divino"? Não se trata apenas de uma perspectiva diferente de se crer em "Deus"? Respeito as crenças que as pessoas têm e não estou tentando criticar. Estou apenas tentando compreender como, por que, ou o que leva as pessoas a esse ponto. Se alguém envia suas intenções para o universo, o que será que ele acha que é o universo? Mais uma vez, não estou tentando ser crítico, apenas tentando entender. Agradeço muito por qualquer reflexão que possa me oferecer a esse respeito.

Resposta:

Quando as pessoas afirmam não seguir mais a religião tradicional, mas ainda acreditar em uma fonte universal por trás de toda a existência, não estão falando de uma fonte física do universo. Querem dizer que a base de sua própria existência, assim como a base de tudo no universo, compartilha uma fonte unificada. Isso não torna a crença mais sobrenatural do que a nossa própria existência não material. O próprio fato de conceber ou experimentar um "você" interior que escreveu este e-mail para mim significa que você implicitamente acredita em sua própria existência não física. Isso não significa que você acredita em uma Divindade pessoal. E, se eles acreditam que o universo responde aos seus pensamentos, isso não significa que "alguém" tenha de responder. O pensamento é a atividade da nossa mente, o aspecto sutil da nossa natureza, e não é irracional que essa atividade tivesse uma reação a partir do nível sutil correspondente da natureza no meio em que vivemos.

A ENTRADA DA ALMA

Pergunta:
Há um momento exato em que a alma assume um corpo físico? Isso acontece no momento da concepção ou mais adiante no desenvolvimento do feto? Como um aborto espontâneo, um natimorto etc. se encaixam na concepção das coisas?

Resposta:
A compreensão védica de como a alma entra no corpo físico é que a associação começa com a concepção. Entretanto, a integração completa e o poder da alma não entram em ação nesse momento.

À medida que a criança passa pelas fases de desenvolvimento, maior vai se tornando a influência e a capacidade da alma nessa vida. Esse processo de integração é supostamente completado na adolescência. Sob esse ponto de vista, abortos espontâneos e natimortos são casos em que a alma só quis ou precisou permanecer no espaço físico por um tempo muito limitado. Ou, em alguns casos, os planos da alma podem mudar para essa vida específica, e por isso ela se retira do feto.

FAZENDO A DIFERENÇA

Pergunta:
Sempre me perguntei se realmente importa o fato de não alcançarmos, no mundo físico, qualquer efeito positivo inovador, quando temos algum conhecimento de Deus. Pensei por muito tempo que, se conhecemos Deus por uma experiência, temos uma responsabilidade de ser um exemplo disso para os outros. E se o mundo torna isso extremamente difícil, e a força, o amor e o propósito que foram anteriormente os eixos a partir do qual uma pessoa funciona estão enfraquecendo através dos dilemas pessoais da vida?

Resposta:
Ter conhecimento pessoal de Deus é um efeito positivo inovador para o mundo, e é muito mais significativo do que qualquer outra conquista na vida exterior. Não há necessidade de tentar ser um exemplo desse conhecimento, pois o impacto disso em sua vida é exemplo o suficiente. Basta ser simples e natural em relação a isso, e deixar esse conhecimento da sua essência tornar-se o novo centro a partir do qual você trabalha e vive. Quando você vive da sua essência divina, percorre as vicissitudes do mundo com menos esforço e mais alegria. É como surfar as ondas do mar em vez de ser surrada por elas.

EVOLUÇÃO E CRUELDADE

Pergunta:

Como você concilia o conhecimento existente da evolução das espécies, incluindo o homem moderno, com as crenças nas diferentes tradições religiosas? Além disso, com tanta crueldade no reino animal/sociedades humanas, como se pode sustentar a ideia de um Deus benigno e incondicionalmente amoroso?

Resposta:

Penso no ser humano como uma entidade espiritual que tem uma experiência física, e não o contrário. Portanto, não interpreto os dados arqueológicos e a teoria da evolução como a história real da origem humana e da existência. O escasso registro fóssil indica apenas algumas das primeiras formas de vida encontradas até agora. Os ensinamentos religiosos geralmente afirmam a natureza imortal e divina da alma humana e não estão preocupados com a história do veículo físico para a alma. Por si só, os dados não negam essas tradições religiosas, porque falam sobre duas definições diferentes da humanidade. A exceção talvez seja aquela interpretação da Bíblia de que o mundo foi criado há cerca de cinco mil anos. E esse ensinamento não é tanto uma compreensão religiosa quanto uma afirmação de uma leitura muito limitada da Bíblia.

Sua outra questão era sobre como a crueldade é inconsistente com um Deus amoroso. Não concordo que a natureza seja cruel. Pode ser violenta em seu funcionamento, às vezes, mas isso é diferente de crueldade. Para mim, crueldade é uma aberração humana e, na medida em que a vemos na sociedade ao nosso redor, acho que a responsabilidade por isso é nossa, e não de Deus.

O GENE DE DEUS

Pergunta:
*Poderia, por favor, explicar o gene VMAT2, o "gene de Deus"?
Isso é realmente a alma?*

Resposta:
Não, um gene não pode ser equiparado à alma, nem é equivalente a uma experiência de Deus. A conexão do gene VMAT2 com Deus foi feita pelo geneticista Dean Hamer. A ideia básica é que esse gene está associado ao colapso das monoaminas, os neurotransmissores conectados de forma frouxa a uma espécie de receptividade espiritual que é composta pelas seguintes tendências: autoesquecimento, conectividade com o universo e uma abertura para aceitar o que não pode ser provado.

Embora seja interessante, a pesquisa preliminar está longe de ser uma explicação de consciência ou espiritualidade. A própria noção de que toda experiência subjetiva pode ser reduzida a reações bioquímicas é absurda. O reducionismo material significa que toda experiência, até mesmo o debate sobre a experiência, não é nada além de acontecimentos bioquímicos inconsistentes e aleatórios. Se esse fosse realmente o caso, toda a discussão e exploração científica não teria sentido.

Acredito que seja importante compreender a neurobiologia envolvida na interface da mente/corpo, e o trabalho de Hamer é útil nesse aspecto, mas limitar a experiência de Deus a um gene particular não faz sentido para mim.

O bem e o mal

A ÁRVORE DO CONHECIMENTO DO BEM E DO MAL

Pergunta:

Quanto à Árvore do Conhecimento no cristianismo, Adão e Eva simbolicamente comeram a fruta da Árvore e depois viram que estavam nus. Desde menina estou em busca da verdade. Para mim, a verdade é o conhecimento.

Esse novo pensamento me veio ontem: nós comemos da Árvore do Conhecimento. Então, isso significa que existe algo ainda maior além da Árvore do Conhecimento? Esse conhecimento (verdade concreta de ser) é apenas um aspecto de quem o nosso Criador é ou de quem nós somos?

Resposta:

Se eu fosse interpretar a história da Árvore do Conhecimento do Bem e do Mal, diria que ela representa o conhecimento objetivo, ou seja, o conhecimento sensorial dualista no qual nos identificamos com o objeto de percepção. Essa é a consciência objeto-referência, que aparentemente aprisiona a consciência ilimitada nos objetos em constante mutação da nossa percepção. É basicamente uma compreensão equivocada de quem somos. Estamos interpretando erroneamente o conhecimento objetivo como o nosso Eu.

Em contraste com esse conhecimento, há o conhecimento de autorreferência, que se baseia em uma cognição verdadeira da nossa natureza essencial. Com a consciência de autorreferência, sabemos e percebemos tudo em termos da natureza não local e infinita da nossa consciência. Esse tipo de conhecimento libera, capacita e traz alegria. O estado de sintonia com toda a natureza é representado na história pela vida no Éden, feliz, fácil e bela. É interessante considerar que, depois de terem comido da Árvore do Conhecimento do Bem e do Mal, Adão e Eva perderam o direito de comer da Árvore da Vida no Éden, que dá imortalidade.

CAUSA E EFEITO

Pergunta:
Vejo a violência/o crime aumentar por todo o mundo. Os mais poderosos matam os fracos, sejam animais ou seres humanos. É verdade na lei da natureza que "cada um colhe o que planta"? Se assim for, por que não é claramente visível?

Resposta:
A lei de causa e efeito ocorre na arena do tempo e espaço. Se não conseguimos ver as consequências da ação, é porque estamos apenas olhando para um segmento estreito de espaço e tempo. O universo é um lugar enorme, e já existe há bastante tempo. Não podemos avaliar adequadamente a verdade do carma olhando para um acontecimento, como um peixe grande comendo um peixe pequeno e, em seguida, falarmos que não há carma, porque não vimos o peixe grande ser comido também. Os detalhes precisos de qualquer

ação podem ser difíceis de compreender, mas o princípio geral ainda se aplica. No *Bhagavad Gita*, o Senhor Krishna até diz a Arjuna que o carma é "insondável".

DEUS E O BOM COMPORTAMENTO

Pergunta:

Deus se preocupa com bom comportamento? Ou ele está além disso, e nos exige apenas ser? Deus também não é o autor do pessimismo, da negatividade, das escolhas "erradas", dos xingamentos e do uso de drogas? Muitas vezes, a vida espiritual é considerada como "não beba, não fume e não conviva com pessoas que o fazem".

Resposta:

Tudo depende de por qual fase da Resposta de Deus você está passando. A experiência de Deus na Resposta Reativa será uma em que Deus é encontrado por meio de bom comportamento e obediência. Sob este ponto de vista, Deus se preocupa, pois esse é o Deus que você projeta. No entanto, quando se passa de uma experiência do objeto-referência de Deus para uma experiência de autorreferência de Deus, a noção de que a proximidade de Deus é uma questão de regras e comportamento torna-se sem sentido. Percebe-se, cada vez mais, que o amor divino ilimitado e a inteligência que chamamos de Deus não é nada além da nossa natureza essencial. Conforme você diz, tudo o que precisamos fazer é simplesmente ser, no mais amplo sentido, de modo a estar perto de Deus.

SUPERANDO O MEDO E O CASTIGO

Pergunta:

Tenho 20 anos e estou em busca do meu verdadeiro Eu e de Deus há alguns anos. Olhei para dentro de mim e li livros, e até fiz pesquisas on-line. Encontrei muitas respostas em minha pesquisa que são lógicas e familiares, porém, como fui ensinado de forma diferente pela Igreja e pela Bíblia, às vezes temo ser punido por Deus por não acreditar que Jesus e a Bíblia são os únicos caminhos para ser salvo da desgraça. Minha lógica e intuição me dizem o contrário, mas não consigo me livrar dessa paranoia de que posso estar errado. Você tem alguma sugestão para reconfirmar a minha busca pela verdade?

Resposta:

Um Deus que distribui punição e condenação com base em regras de obediência é o Deus das Fases 1 e 2. A forma de superar o medo e a limitação dessas fases é experimentar a Resposta de Consciência em Repouso. Aqui se conhece diretamente o Deus da paz interior e o silêncio que transcende o Deus da vingança e retaliação. A meditação e a contemplação silenciosa são os meios de desvendar uma verdade de Deus mais profunda. A compreensão que surge da Resposta de Consciência em Repouso suplantará naturalmente as antigas noções de medo e condenação que caracterizaram suas primeiras crenças em Deus.

SOFRIMENTO

Pergunta:

Você acha que o sofrimento e as lições que ele nos ensina têm um papel importante em nossa jornada de volta a Deus?

Resposta:

Não, o sofrimento em si baseia-se na ignorância. Qualquer glorificação da ideia de sofrimento apenas reforça essa ignorância e nos leva para mais longe de Deus. Quando percebemos nossa verdadeira natureza, nos conhecemos como consciência de felicidade, para além de toda dor e sofrimento. Não estou incentivando a negação das dificuldades que possamos enfrentar ou fingindo que as coisas estejam formidáveis quando não estão. É importante estar plenamente no presente e aceitar o que está lá, independentemente de ser agradável ou desagradável. O sofrimento surge quando nos identificamos com a dor e interpretamos essa experiência como necessária. Quando a consciência é de autorreferência, ela se identifica com sua natureza ilimitada, que está além do prazer ou da dor. Alguém pode passar pela mesma experiência desafiadora de outra pessoa, e não interpretá-la como sofrimento.

ESPIRITUALIDADE, BELEZA, E A ÍNDIA

Pergunta:

Sempre pensei que, onde há espiritualidade, podemos encontrar beleza, abundância, sabedoria, justiça, e assim por diante. A Índia é um país antigo com um tom espiritual impressionante. No entanto, não compreendo a pobreza, o sistema de castas, a ignorância, o espancamento e a matança de algumas noivas recém-casadas quando suas famílias se recusam a pagar mais às famílias dos noivos. Estou enganado quanto à ideia de que a espiritualidade de um grupo de pessoas deva trazer bênçãos à sua sociedade?

Resposta:

Sua premissa geral está correta, ou seja, que o aumento da espiritualidade traz maior alegria, conforto e conhecimento. A Índia é o lar de algumas verdades espirituais muito antigas, mas pouco se vive e se usa desta riqueza. Consequentemente, a pobreza e os abusos terríveis mencionados por você, assim como muitos outros, são muito predominantes. A força e a pureza do conhecimento espiritual passam por ciclos de aumento e diminuição. A Índia tem bastante trabalho a fazer para limpar muito da ignorância que se infiltrou nas tradições e para restaurar a total dignidade do seu patrimônio espiritual, de modo que os efeitos desse conhecimento sejam convertidos para uma sociedade mais bela e harmoniosa.

DEUS E A MALDADE HUMANA

Pergunta:

Como integrar a maldade humana em nosso conceito de como Deus "opera"?

Resposta:

A maldade humana é um produto da liberdade construída na consciência humana. Enquanto tivermos a capacidade de escolher nossas ações, teremos também o potencial para agir a partir da ignorância e cometer atos de maldade. Ao criar a humanidade com livre-arbítrio, Deus teve de permitir que se cometessem erros e o que chamamos de maldade. Faz parte do pacote que vem com a escolha. A única maneira de Deus eliminar a possibilidade da maldade humana seria criar autômatos humanos sem capacidade para ter autodeterminação ou escolha.

O PECADO, O SEXO E JESUS

Pergunta:

Você acha que o conceito de pecado, ou de nos vermos como pecadores que devem se arrepender de modo a encontrar Deus é, de alguma forma, espiritualmente útil?

Jesus, de alguma forma, é um caminho superior ou necessário para a realização de Deus?

Você acha que o sexo e os prazeres do corpo são maus, errados ou não-espirituais?

Resposta:

As respostas curtas para essas questões são: não, não e não. A ignorância por trás de quem se identifica como pecador é extremamente destrutiva para a jornada espiritual como um todo. Enxergar a si mesmo em termos de limitações, erros e maldade só pode levar a uma barreira entre você e Deus.

Tenho o maior respeito pelo cristianismo puro e por todos aqueles que encontraram a libertação por esse caminho, mas com certeza esse não é o único nem o melhor caminho para todos.

Quanto ao sexo, não é mau nem pecaminoso. Acho que isso foi inventado anteriormente sob a ideia do celibato. O sexo é um belo presente de Deus para nós, uma experiência milagrosa em que podemos sentir uma profunda união que rompe nossas limitações e o egoísmo, e nos abre para a felicidade e o amor expansivos. Essa pode não ser a experiência de todos com sexo, mas é a sua mais profunda promessa. Devo deixar claro que não defendo a promiscuidade ou o sexo indiscriminado, mas no contexto de um relacionamento amoroso, o sexo é belo e, com certeza, não é errado nem vergonhoso.

Aqueles que propagam as ideias da vergonha, do mal, e da verdade exclusiva, em nome da espiritualidade, o fazem por uma necessidade desesperada de estarem certos, pois, na ausência da experiência real da união espiritual, estar ideologicamente correto é sua única alternativa convincente. Quando se compreende o medo e o desespero por trás de tais posições, é possível entender por que é tão importante para eles tentar convencer os outros que descobriram essa verdade universal.

CULPANDO SATANÁS

Pergunta:
Assisti a seu debate sobre a existência de Satanás. Achei muito interessante. Embora eu seja um cristão devoto, queria entender sua posição sobre isso. Acho que você estava tentando fazer com que as pessoas percebessem que, quando estamos condicionados a acreditar na negatividade como Satanás, podemos culpar alguém pela negatividade, em vez

de olharmos para nós mesmos e assumirmos a responsabilidade por nossa própria espiritualidade. Se isso não estiver correto, gostaria muito de saber o que você realmente quis dizer. Achei esse debate muito interessante, e realmente gostaria de entender.

Resposta:

Quando tratamos o mal como algo concreto, damos a entender que ele está fora de nós, que se trata de uma força externa a ser confrontada. Esse ponto de vista nos proíbe de ver e curar a escuridão, o medo e a ignorância dentro de nós, que estão, na verdade, alimentando o comportamento que julgamos como o mal externo. É por isso que eu disse que personificar o mal como Satanás é uma maneira de evitar a responsabilidade pessoal de olhar para o nosso próprio lado sombrio. Além disso, é incapacitante e humilhante sugerir que a essência divina dentro da nossa alma seja fraca e impotente diante da nossa sombra projetada, Satanás.

Quando todo mundo está procurando lutar e resistir ao diabo em nome de Deus, o que acontece é que diferentes religiões lutam com outras religiões, cada uma delas certas de que apenas a outra é o mal, e elas não. Isso só conduz a mais incompreensão, medo e conflito. Se, em vez disso, pudéssemos aceitar o fato de que todos nós temos um lado sombrio que precisa de cura, perdão e amor, teríamos a base para amar de verdade o próximo como amamos a nós mesmos.

A LIBERTAÇÃO POR MEIO DO MAL

Pergunta:

Já que o bem e o mal são iguais, é possível alguém ser libertado por meio do mal? É possível alguém encontrar a paz em êxtase, digamos, por meio do mal? Você disse que, quando Deus e uma alma tornam-se um, ele leva sua culpa e vergonha com ele. Na luz, onde a escuridão e a luz são iguais, como todos os santos são bons?

Resposta:

Para começar, não estou certo se eu caracterizaria o bem e o mal como equivalentes. Eles são opostos em termos de conduta, mas não são redutíveis entre si. Quando uma alma se funde com Deus, pode haver algumas imperfeições relativas, mas o Eu mais elevado se conhece como perfeito e livre de qualquer vergonha ou culpa. Quanto à sua pergunta sobre teoricamente ser possível chegar a Deus por meio do mal, eu diria que não. No entanto, recordo que, nos Puranas, as histórias védicas de reinos e cosmogêneses anteriores, há alguns relatos de indivíduos que tinham um ódio tão grande de Deus que sua fixação de ódio total teve o mesmo efeito mecânico de produzir a união com Deus como o Deus amoroso fez aos outros, ainda que o conteúdo do sentimento fosse diametralmente oposto. Essa pode ser apenas uma lição sobre o poder da atenção ao manifestar o que está em nossos corações, pois com certeza eu não recomendaria o ódio a Deus como um caminho viável para a iluminação.

A GUERRA COMO UM MAL NECESSÁRIO

Pergunta:

Li bastante sobre essa guerra, e tenho a seguinte pergunta para você. Por favor, por favor, me esclareça. A guerra não é um mal necessário simplesmente para manter a paz? Como você diferenciaria o antiguerra do pró-paz?

Nossa mente é o processo pelo qual o não manifesto é convertido em manifesto. A dualidade é o resultado natural desse processo, de modo que a guerra ou a paz tenham de ser equilibradas. Se houver apenas a paz, o manifesto deixa de experimentar a paz. Se a dualidade não existir em um "aspecto" do manifesto, a dualidade não pode existir e, consequentemente, o manifesto também não.

Eu pessoalmente acho que, se a vontade da humanidade está alinhada com a vontade de Deus, tanto a guerra quanto a paz são justificadas. Só o tempo dirá. Tudo que estou fazendo agora é rezar a Deus pelo melhor para a humanidade, seja o que for.

Resposta:

De maneira mais ampla, não acredito que a guerra seja um mal necessário. Admito que existam algumas situações extraordinárias em que a guerra é necessária, como a guerra contra Hitler, mas não acredito que devamos pensar na guerra como parte necessária da criação do manifesto. A guerra contra o Iraque não é necessária agora para alcançar o desarmamento efetivo e a segurança, por isso devemos persistir nesses esforços, de toda maneira possível, para evitar as terríveis consequências da guerra. A paz no mundo não significa passividade e aquiescência. A paz requer resolução ativa dos conflitos de interesses e solução criativa de problemas.

Você disse que a mente é o processo de conversão do não manifesto em manifesto e sua subsequente dualidade. Acho que é verdade em parte. No entanto, a mente também tem a capacidade de permanecer em sua natureza não manifesta, e é essa capacidade que nos permite fazer escolhas livres e ter soluções criativas fora do âmbito de causa e efeito. A mente pode permanecer nesse estado de paz e de não dualidade, enquanto lida com as complexidades da criação do manifesto. A paz não significa, em termos metafísicos, que a criação do manifesto cessará, e a guerra não pode ser justificada com base nisso. A guerra irrompe quando a vontade da humanidade não está alinhada com a vontade de Deus, portanto, quando a vontade coletiva está de acordo com a vontade cósmica, não há necessidade de guerra.

ACIMA DO BEM E DO MAL

Pergunta:
Em Como conhecer Deus, *você afirma algo que vários místicos e líderes espirituais também afirmaram, e não consigo chegar a um entendimento sobre isso. "No exato momento em que você vê que está bem, que nunca precisará se preocupar com o bem e o mal novamente, surge a percepção de que você nunca fez nada de errado, para começar."*

Consigo compreender isso no que diz respeito a más condutas insignificantes das quais todos somos culpados, mas é possível que tal afirmação valha para alguém como Hitler?

Resposta:

Essa é uma descrição de um processo pessoal de redenção que ocorre na fase quatro. A redenção não nega o erro e a ignorância humana que levam ao tipo de mal apresentado por Hitler. Em vez disso, aponta para uma experiência e conhecimento da verdade acima do nível de ignorância e má conduta. Essa verdade transcende as noções do certo e do errado, do bem e do mal. A fase quatro da Resposta de Deus não é uma posição filosófica sobre o bem e o mal, mas uma descrição da recuperação da nossa natureza espiritual essencial após todo o velho condicionamento de medo, culpa e vergonha que, de alguma forma, limitaram o nosso ser ilimitado.

Professores, guias e gurus espirituais

ENCONTRANDO UM PROFESSOR

Pergunta:

Vivo nos subúrbios, em uma área onde os únicos estabelecimentos espirituais são as igrejas. Li muito sobre o valor de um guru ou professor espiritual particular. Como posso encontrar um?

Resposta:

A vida em si é um grande professor espiritual, da mesma forma que os livros, os amigos próximos com quem você possa ser honesto de verdade, e as crianças. A partir das crianças, pode-se aprender a inocência; de um confidente, a confiança e a lealdade; e, dos livros, pode-se expandir um senso de visão e possibilidades infinitas. Apenas lembre-se de que milhões de pessoas desenvolveram belas vidas espirituais sem um professor particular. Inclusive é dito nos Vedas que, no minuto em que o aluno estiver pronto, o professor aparecerá de uma forma ou de outra.

O QUE FAZ UM PROFESSOR SER BOM?

Pergunta:

Existem professores ou gurus para todo mundo? Qualquer um pode ser um professor espiritual? Como se faz para encontrar um?

Resposta:

Eu não diria que há, necessariamente, um professor espiritual para todo mundo, mas haverá para qualquer pessoa que queira um. O professor representa as orientações do próprio Eu mais elevado, de modo que qualquer um pode ser um guru para outra pessoa, se souber como fazer uso das orientações nessa função.

- Encontre alguém cujas palavras e ações inspirem você.
- Diga que você está disposto a ouvir e aprender.
- Respeite o conhecimento que está sendo transmitido.
- Teste o conhecimento com os seus próprios valores pessoais.
- Assegure-se de que você confia de coração naquilo que está sendo dito.
- Nunca siga nenhuma orientação que não lhe pareça correta, e sempre mantenha o direito de duvidar e questionar.
- Assuma a responsabilidade por suas próprias ações, pois o que você faz com a própria vida não cabe a nenhum professor.

GURU FÍSICO

Pergunta:

Sou aspirante há 12 anos. Tive a sorte de me encontrar com alguns mestres iluminados. Porém, a abordagem deles parece (a mim, neste momento) um pouco diferente entre um e outro.

Fico me perguntando qual é o caminho destinado a mim. Será que preciso de um guru "físico" para descobrir o meu Eu? Se assim for, devo esperar que ele chegue a mim ou devo sair em busca dele?

Resposta:

Ao responder a perguntas de pessoas sobre gurus, gosto de enfatizar que o guru representa o conhecimento e as orientações do nosso Eu mais elevado. Se alguém tem uma prática espiritual forte que lhe dá uma boa relação de confiança com essas orientações, uma relação física não é essencial. Por outro lado, mesmo não sendo absolutamente necessário, existem algumas pessoas que se sentem muito bem tendo um guru com quem possam conversar e receber orientação. Pode-se proporcionar uma medida extra de confiança e credibilidade ter esse conhecimento interior embutido em alguém que se possa ver e ouvir. Tenho a sensação de que você é uma dessas pessoas. Vivendo na Índia, você tem a vantagem de crescer com essa tradição, de modo que essa relação pode ser mais natural para você do que normalmente é para as pessoas no Ocidente. Não se preocupe com o fato de professores diferentes terem ensinamentos diferentes. Encontre alguém que fala diretamente ao anseio espiritual em seu coração e siga a partir daí.

PROFESSORES

Pergunta:

Parece haver uma abundância de fontes para orientação espiritual e inúmeros gurus espirituais para escolher. Tenho interesse em alguns, porém fico hesitante. O problema que tenho em discernir é que, ao entrar em um grupo espiritual de determinado tipo, é provável que se receba algumas diretrizes para uma vida correta que se espera vir a acelerar o caminho para a iluminação. Mas como saber se essas diretrizes começarem a ir do aspecto benéfico para o limitante ou não apropriado? Por exemplo, como é possível saber se estamos sendo envolvidos em uma seita? É possível que um guru iluminado dê uma má orientação para seus seguidores? Conheci e conversei com algumas pessoas de alguns grupos de meditação que parecem bastante desorientadas e fora de sintonia com a realidade, e vivem em um sistema fechado definido por seus gurus. Parece fácil entrar e difícil perceber que tem algo errado. O que fazer?

Resposta:

O mais importante a ter em mente é que a iluminação espiritual é um processo para se tornar livre de todas as limitações que ficam no meio do caminho para a autorrealização. Os professores podem ser de grande valor nesse processo, mas este é um projeto que você deve cumprir por conta própria. O guru externo é, no máximo, apenas um suplente para a orientação da Atman (alma ou sopro vital), que por sua vez está de fato liderando o caminho. O candidato precisa ser maduro e assumir a responsabilidade por sua própria evolução. Nenhum professor, não importa o quão iluminado seja, pode fazer isso por ele. Se você determinar que um professor pode ajudá-lo ou tem algo de valor a oferecer, faça uso disso e seja grato. Se o que um professor tem a oferecer não lhe for útil ou tiver deixado de ser útil, procure outro e não se preocupe com isso. Não posso categoricamente dizer a alguém que a experiência com um professor será boa ou ruim. É responsabilidade individual de todos determinar isso por si mesmo. O que uma pessoa considera libertação pode ser sufocante para outra. Um guru iluminado pode dar o mesmo conselho para uma sala cheia de pessoas, e aquelas mesmas palavras podem ser boas para alguns e inúteis para outros. A credibilidade do professor não é tão importante quanto a fidelidade de ouvir o próprio Eu mais elevado por meio da voz do professor. Afinal, a orientação do Eu mais elevado pode vir por meio de uma voz na TV ou uma vista do pôr do sol, assim como por um professor iluminado. Desde que você tenha em mente que nunca está seguindo alguém, e sim sua verdadeira natureza que fala com você através dos outros, tudo dará certo.

GURUS

Pergunta:
Deepak, gostaria de saber se você se considera um guru. Sinto que a relação guru-discípulo não funciona muito bem no mundo Ocidental. O que você acha?

Reposta:
Não, não me considero um guru no papel tradicional indiano, em que um professor tem discípulos sob seus cuidados pessoais. O sentido clássico de ser um guru é uma responsa-

bilidade enorme em que um professor iluminado concorda em instruir indivíduos até que eles se tornem iluminados. A palavra "guru" significa removedor de escuridão. Tem como base a ideia simples de que, se alguém quer chegar à iluminação, deve receber instrução de uma pessoa que já a tenha alcançado, assim como alguém que quer saber cálculo deve aprender com alguém que saiba cálculo.

No sentido mais verdadeiro, o guru não se limita a professor particular ou mesmo a Deus, pois ele é o Eu mais elevado que é despertado no fundo do coração. O Eu mais elevado já é iluminado e sempre foi, e isso é o que leva o resto de vocês a esse despertar. Um guru humano está lá por ter a habilidade para ajudar nessa iluminação do Eu. O importante é que a consciência pura desperte para sua própria natureza em seus próprios termos. O guru, ou Deus, é apenas uma representação exterior daquela orientação para o seu despertar.

Em um sentido mais geral, o guru pode ser qualquer pessoa ou coisa que ajude no processo de autorrealização. A literatura védica conta de um indivíduo que alcançou a iluminação observando e absorvendo as lições da natureza ao seu redor, usando-a como um guru. Quando alguém está pronto para o conhecimento, a orientação do guru pode vir de qualquer lugar, seja de um comentário casual de uma criança ou de um fragmento que se ouve em um anúncio de TV. É uma questão de ser receptivo e acatar a voz da sabedoria além do ego.

Quanto à relação formal guru-discípulo ser viável no Ocidente, provavelmente não se trata de uma forma culturalmente aceitável. Individualmente, com certeza há muitos estudantes no Ocidente capazes de fazer uso efetivo desse relacionamento com um guru, mas a sociedade moderna como um todo dá tanto valor para o poder e os direitos do indivíduo (ego), que qualquer pessoa que até mesmo sugira um conhecimento mais profundo é considerada suspeita pela sociedade, no melhor dos casos, e perigosa, no pior. Essa mentalidade muitas vezes é travestida por diversas pessoas inteligentes como uma necessidade de "questionar a autoridade". Muito frequentemente, tudo o que fazem é duvidar da validade das próprias capacidades de ver a verdade dentro deles mesmos e favorecer as concepções de seus egos autossatisfeitos. O valor mais profundo de questionar a autoridade sempre foi um fundamento da instrução espiritual. Os verdadeiros gurus sempre incentivaram os estudantes a testar a autoridade da sabedoria tradicional contra a própria experiência interior deles, porque essa é a única maneira de tornar o conhecimento prático e pessoal.

GURUS QUE REMOVEM O CARMA

Pergunta:
Li que a ligação entre um guru e seu discípulo é tão profunda que o guru pode tirar o carma do aluno para que ele simplesmente não tenha de passar pelo carma. Parece maravilhoso. Você acha isso possível?

Resposta:
Todos experimentam o fruto das próprias ações, pois é assim que a lei do carma foi estruturada no cosmos. No entanto, se for uma situação adequada para ajudar um aluno, o guru pode auxiliá-lo, minimizando a intensidade

do carma e ajudando o aluno a superá-lo rapidamente, de modo que este não impeça o progresso do aluno. O carma ainda será experimentado, mas sua intensidade pode ser reduzida, de modo que não seja tão opressivo e não desvie o aluno de sua jornada espiritual. Por exemplo, se o carma de alguém estivesse relacionado com um sério acidente de carro que deixaria a pessoa paralisada para o resto da vida, um guru poderia conseguir alterá-lo para um pequeno dano no para-choque ou um acidente menor em que o aluno tivesse apenas um leve estresse psicológico e, talvez, uma dor de cabeça. Embora a intervenção do guru ou de Deus em nome do nosso carma pareça milagrosa, também é algo que nós mesmos fazemos todos os dias através da meditação. A experiência contínua da consciência ilimitada sobre *samskaras* específicos, tendências inerentes e instintivas que influenciam a pessoa, vai gradualmente dissolver os laços de identificação e apego e, desse modo, diminuir a intensidade do efeito cármico no futuro.

TORNANDO-SE INDEPENDENTE DO PROFESSOR

Pergunta:
Sigo as técnicas de um guru bem conhecido há trinta anos, já instruí como professor e, embora não de forma ativa, estive intimamente associado à sua organização. Essas técnicas transformaram positivamente a minha vida, e sempre serei grato. Nos últimos anos, a direção do movimento sob orientação direta desse guru tornou-se cada vez mais radical e difícil de aceitar, e uma última decisão (de interromper os ensinamentos em certo país) me fez entrar em conflito, pois

sinto no meu coração que isso é errado. Portanto, decidi que não posso ser representante desse ensino e devo me dissociar do movimento.

Isso levanta questões fundamentais para mim. A minha intuição inicial de seguir esse homem estava errada? É possível que um guru iluminado cometa erros? Se eu fosse iluminado, será que eu entenderia?

Resposta:
É normal sentir-se em conflito e magoado quando, depois de 30 anos de associação com este professor, as coisas tomam um rumo que o faz sentir-se excluído. Eu não diria que sua intuição inicial estava errada ao se envolver, pois você disse que isso transformou positivamente sua vida e que se sente profundamente agradecido por isso. Todos os indivíduos iluminados podem compartilhar da mesma experiência interior e conhecimento, mas cada um tem um papel diferente a desempenhar e, portanto, podem até mesmo discordar sobre a ênfase adequada dos ensinamentos. Então, não deixe que pontos de vista diferentes sobre o que constitui um erro sejam seus critérios para a iluminação.

Acho que o importante é lembrar-se dos benefícios adquiridos com a prática e da gratidão que você sente. Deixe o resto de lado. Pode ser que o seu caminho espiritual esteja tomando uma nova direção.

Comemore e abrace esse fato, e não o transforme em uma preocupação sobre escolhas erradas e a iluminação.

CRIANDO RELIGIÕES

Pergunta:

No meu entendimento, toda ação/pensamento e gesto das pessoas iluminadas é vontade do universo, e não é distorcida/ afetada pelo ego, uma vez que ele não está presente.

Então, por que o universo/as pessoas iluminadas, como o Buda, Jesus, Guru Nanak, e muitos outros, fundam religiões, visto que todos sabem que elas criam divisões na humanidade?

Resposta:

Esses professores iluminados proporcionaram o caminho do despertar para seus seguidores, mas não estavam na corrente principal do poder e não estabeleceram as religiões formalmente na época. Apenas quando seus ensinamentos se tornaram institucionalizados para crenças e rituais é que as tradições espirituais se tornaram religiões de fé. Até mesmo o mais puro conhecimento pode ser corrompido ao longo do tempo por quem perdeu o contato com a experiência espiritual original do professor. Portanto, mesmo o conhecimento de um santo iluminado pode, com o tempo, transformar-se em algo pelo qual ele não é responsável.

GUIAS ESPIRITUAIS E O EU MAIS ELEVADO

Pergunta:

Sei que esse assunto já foi levantado antes, mas queria saber se você poderia elaborar um pouco mais, por favor. Sob o ponto de vista védico, somos aconselhados a não buscar orientação ou receber orientação de seres não físicos, porque o nosso Eu mais elevado é a única fonte verdadeira em que podemos confiar. Entretanto, existem muitas práticas espirituais, uma riqueza de informações, e muitas pessoas que defendem veementemente os benefícios dos guias espirituais, dos anjos da guarda, ou do que quiser chamar esses seres, que fazem escolhas antes de vir para a Terra para nos ajudar nesta vida em nosso caminho e jornada espiritual. Acredito que o ponto de vista védico negue os benefícios ou a existência dos guias espirituais, não? Para quem achar "a experiência do Eu mais elevado" vaga ou difícil de quantificar e entrar em contato, mas for capaz de "sentir" seus guias e seja sensível à sua própria energia, seria uma fusão dos dois pontos de vista mais benéfica, isto é, tanto praticar meditação tradicional quanto aceitar a orientação de guias?

Resposta:

A perspectiva védica não nega necessariamente a existência ou o benefício dos guias espirituais, mas os ensinamentos de ioga incentivam a autossuficiência e a independência para adquirir conhecimentos diretamente da fonte. E ainda adverte que confiar de forma ingênua nas orientações de uma voz ou de um espírito sem conhecer totalmente suas intenções pode resultar em muita confusão e distrações no caminho de alguém.

No entanto, se estiver bem claro para a pessoa que estes guias espirituais estão em plena conformidade com a verdade espiritual dela, e a comunicação com eles lhe trouxer uma familiaridade profunda e integração com seu próprio Eu mais elevado, essas orientações estão perfeitamente adequadas, porque esses guias espirituais são, na verdade, expressões do Eu mais elevado da pessoa.

DISSOLUÇÃO DA INDIVIDUALIDADE

Pergunta:

Tenho a impressão de que as religiões orientais, como o hinduísmo ou o budismo, afirmam que o objetivo final da jornada espiritual é dissolver a si mesmo completamente em consciência pura, abandonando completamente a individualidade e os sentimentos de alegria, amor e compaixão. Essa ideia me perturba. Eu poderia estar em perfeita união com Deus/tudo, e ainda assim consciente da minha individualidade?

Resposta:

É verdade que tanto o budismo quanto o hinduísmo falam de iluminação como a transcendência da individualidade. Mas a preocupação de que a realidade suprema é um tipo de luz branca homogênea e morta na qual nos dissolvemos é infundada. Em primeiro lugar, Brahman como a realidade suprema significa plenitude, e não há plenitude sem as partes. Não é que não haja diferenças ou distinções na consciência Brahman, mas essas são distinções virtuais, não materiais. Brahman não é um espaço vazio sem vida, e sim um campo vibrante de pura potencialidade, a partir da qual surgem todas as manifestações. Sua natureza fundamental é a consciência da felicidade absoluta. Essa qualidade de felicidade é, em essência, puro amor e constitui o fundamento de toda a existência a partir da qual surgimos e para a qual voltamos para casa.

Religião

RELIGIÃO

Pergunta:
Nunca estive interessado em nenhuma religião específica, mas sou interessado por temas de espiritualidade. Nunca tive problema em viver sem estar ativo em alguma religião, mas a maioria dos nossos amigos são pessoas religiosas. Muitas vezes fazem com que nos sintamos constrangidos pelo fato de não estarmos envolvidos ativamente em nossa religião. Aqui estão minhas perguntas:

1. *Como devo responder às pessoas quando perguntarem sobre a minha religião?*
2. *Tem algum problema viver sem religião?*
3. *Posso dizer que tenho espiritualidade, e não religião?*
4. *Tudo bem se os meus filhos passarem pela vida sem nenhum título religioso para rotular sua fé?*
5. *Como os meus filhos devem lidar com essa situação?*

Resposta:
Em primeiro lugar, compreenda que você não deve a ninguém uma explicação sobre suas crenças religiosas. A relação de alguém com Deus é um assunto tão pessoal quanto

qualquer outro. Mesmo que seus amigos religiosos o pressionem sutilmente para colocar as cartas na mesa, você não tem nenhuma obrigação de lhes dizer nada com o qual não se sinta confortável. Se você é próximo a eles e sente que gostaria de esclarecer sua posição, certamente pode compartilhá-la com eles o quanto quiser.

Não vejo nada de errado em não seguir uma religião formal. O aspecto importante de uma vida espiritual é cultivar a presença real de Deus em seu coração. Se a religião ortodoxa o ajuda a fazer isso, tudo bem. Se você consegue realizar isso melhor sem a estrutura de uma religião, tudo bem também. Algumas pessoas até mesmo alternam entre as duas em diferentes períodos da vida. Com as crianças, você pode enfatizar a importância de uma prática que coloque a experiência do Divino diretamente na vida delas e, depois, uma forma de compreensão que dê suporte a essa experiência. Suas próprias tendências naturais indicarão que tipo de caminho a Deus melhor lhes convêm. Caso sintam-se atraídos para participar de um culto estruturado na igreja, deixe-as confortáveis com isso. Se preferirem uma abordagem mais individualista, podem estar mais voltadas para a devoção ou para o aspecto intelectual, ou talvez sigam um caminho que considere a realização de Deus em termos de purificação e integração do complexo mente/corpo. Basta prestar atenção à forma como seus filhos estão aprendendo sobre a própria espiritualidade e, então, incentivá-los e apoiá-los nesse sentido.

VERDADE E RELIGIÃO

Pergunta:

Tenho 19 anos e fui católico minha vida inteira, mas ultimamente tenho questionado minha fé. Li vários livros seus, incluindo suas biografias de Jesus e Buda, e ambas realmente me ajudaram a definir o meu foco na minha espiritualidade. Se Deus é justo, carinhoso, amoroso, compreensivo etc., por que fazer parte de uma religião específica influencia se vamos para o céu ou para o inferno? Os cristãos acreditam que, para ser aceito no céu, é preciso se tornar um cristão renascido. Pelo que sei sobre o budismo, trata-se de alcançar a paz interior dentro de si e, por sua vez, na terra, e ficar bem com sua alma. Então, o que acontece com as pessoas que não renascem e não conseguem alcançar a paz interior para perceber que os acontecimentos mais importantes ocorrem lá fora? Será que judeus e ateus simplesmente caem no inferno porque não são renascidos? E isso funciona assim em ambos os sentidos com a maioria das religiões: ou pedem às pessoas que se convertam ou que aceitem o que acontece ao seu redor. Mas onde está a verdade real? Estou com dificuldade para examinar o aspecto político da minha pergunta. Acredito que em toda religião há uma gota de verdade que pode ser usada por muitos. Só não compreendo como uma religião específica pode ser favorecida no céu. Parece ir contra a intuição, considerando-se o que Deus oferece a nós e as dádivas que já nos deu.

Resposta:

Deus não se importa se alguém é budista, cristão, hindu, judeu, muçulmano ou ateu. Todos esses são conceitos e sistemas de crenças sobre a realidade, e não a realidade em si. Para descobrir a verdade por conta própria, em primeira mão, é preciso mergulhar fundo em sua própria existência e descobrir sua consciência essencial. Esse conhecimento está além do dogma, da crença ou do entendimento intelectual. Esse despertar para a autorrealização é a única salvação e renascimento espiritual, e não está restrito a nenhuma religião ou cultura.

HISTÓRIAS DE CRIAÇÃO CONFLITANTES

Pergunta:

Em livros baseados no livro Um curso em milagres, *como* O desaparecimento do Universo, *afirma-se que nosso mundo, a Terra, não é criação de Deus, mas de nós mesmos com base no ego. Como o Filho Pródigo, houve uma separação de mentes, e buscamos nossa própria autonomia de Deus, e criamos a Terra. Ficamos imediatamente carregados de culpa por deixar Deus, e então sempre voltamos aqui para este mundo, reencarnando repetidas vezes.*

De acordo com O desaparecimento do Universo, *o ego, em sua falsidade, criou um mundo que nos mantém distraídos de algum dia voltar para casa. Tanto os nossos problemas como um belo pôr do sol são tentativas do mundo criado pelo ego para nos manter focados externamente e longe de Deus. O livro declara que apreciar qualquer coisa bela, como uma flor ou um animal, é cair na armadilha do ego para nos manter focados nos aspectos externos. Não diz para não apreciá-los, mas diz que, em última análise, são ilusões estabelecidas pelo ego para nos manter em seu mundo. O livro chega a dizer, por exemplo, que os animais migratórios são orientados não por Deus, mas pela energia criada pelo ego, que faz parte da terra criada pelo ego.*

Essa filosofia parece contraditória com muito do que li em outros lugares, incluindo o seu material. A maior parte da literatura que li afirma que a consciência/Deus busca uma via pela qual possa ser experimentada, e que escolhemos voltar para cá para evoluirmos. Que a terra é criação de Deus pela qual Ele pode ser experimentado. Em vez disso, o material de Um curso em milagres faz parecer que chegamos aqui para nos esconder em nossa culpa e continuamos retornando, porque a culpa é muito forte. Parece contraditório.

Resposta:

Tenha em mente que cada um dos diferentes mitos de criação ao redor do mundo é projetado para iluminar uma perspectiva particular sobre a criação e a evolução. São histórias com lições diferentes. Você pode encontrar um aparente conflito entre várias filosofias ao tentar fazer com que todas digam o mesmo sob um único ponto de vista.

No caso de *Um curso de milagres*, você destacou o papel do ego enganador na criação do universo para nos distrair da nossa verdadeira natureza. Essa história, para efeitos de ilustração do poder criativo da ignorância, pressupõe que o ego é algo separado da nossa verdadeira natureza, de Deus, e que o universo criado também é algo fundamentalmente separado da essência e da verdade.

O seu ponto de vista alternativo, que Deus e a Consciência manifestam-se como um meio pelo qual é possível experimentar sua natureza em sua totalidade, é uma perspectiva que enfatiza a unidade e o autoconhecimento ao longo do processo de manifestação. Dependendo de qual lição for a mais adequada para a sua evolução, ambas as narrativas podem ser válidas.

Não se prenda à interpretação literal sobre o ego ou Deus terem criado o mundo. São apenas histórias criadas para explicar experiências. Ambas podem ser válidas, sem que uma negue a outra.

FALANDO EM LÍNGUAS

Pergunta:

Depois de crescer em uma igreja Pentecostal e deixá-la quando adulto, sinto-me incomodado pela crença de que ninguém é "salvo" a menos que "seja preenchido com o Espírito Santo, como evidenciado pelo falar das línguas". Os pentecostais acreditam que, mesmo que a pessoa seja batizada, acredite em Deus e tente viver uma vida tranquila e honesta, se não balbuciar em uma língua desconhecida uma ou mais palavras, não pode ir para o céu. Em minha busca pelo espiritualismo, esse é um pensamento que continua no primeiro plano. É possível que seja verdade, mesmo que meu Eu interior me diga que não? Adoraria saber sua impressão a esse respeito.

Resposta:

O Espírito Santo geralmente é reconhecido no cristianismo como o poder orientador e animador do Divino que se manifesta em nossas vidas. Os dons do Espírito Santo normalmente são projetados para incluir ensinamento, conhecimento, entrega e misericórdia. O dom das línguas e da profecia como sinais exclusivos de salvação pelo Espírito Santo é uma perspectiva muito limitada e não merece muita consideração, dado que todas as pessoas iluminadas de todas as culturas, e de todas as épocas, claramente atingiram o potencial humano sem terem tido a experiência de falar em línguas.

EQUÍVOCOS RELIGIOSOS

Pergunta:

Qual você acha que é, essencialmente, o equívoco mais frequente ou mais difundido que a maioria dos ocidentais, principalmente os que se consideram cristãos, cometem em relação ao hinduísmo, aos deuses hindus, e ao foco na adoração? Quando tento ler textos sobre o hinduísmo, termino mais confuso do que quando comecei.

Resposta:

Provavelmente, o maior equívoco que os ocidentais cometem sobre o hinduísmo é considerar todos os deuses e deusas várias divindades externas. Na verdade, a interpretação literal exteriorizada da escritura é o principal mal-entendido em todas as religiões. As discussões sobre Deus, céus, infernos, deuses, deusas, demônios, anjos, etc., na verdade, são sobre a jornada em direção ao despertar em nossa própria consciência. Essas palavras descrevem a evolução dinâmica do nosso espírito, e não um mundo externo no qual deveríamos acreditar em termos dogmáticos.

Os primeiros pagãos ao redor do mundo também parecem ter mantido uma visão integrada da Natureza e sua consciência. O espírito que encarnou as montanhas, rios ou o fogo era um aspecto do próprio espírito deles, e tudo era um reflexo do espírito universal que permeava o universo inteiro.

SER INFINITO

Pergunta:

Se existe um ser infinito (e tudo é uma possibilidade infinita), por que precisamos de reencarnação (almas individuais que têm experiências repetidas vezes)? Somos uma possibilidade infinita que tem essa experiência ou somos uma alma que tem muitas experiências. (O termo "alma" como um ser contínuo.)

Resposta:

Deixando de lado por enquanto a questão de se precisamos de reencarnação, sua pergunta parece resumir-se a: por que o ser infinito precisa fazer algo, como criar, saber, evoluir, se ele já é tudo?

A melhor resposta que posso lhe dar é o que os sábios iluminados do passado disseram sobre isso, ou seja, que há uma distinção entre a potencialidade infinita e a manifestação real, assim como há uma diferença entre a potencialidade de uma sequoia vermelha na forma de semente e a sequoia plenamente desenvolvida.

Não concretizamos nossa natureza verdadeira porque a consciência humana não reconhece completamente seu verdadeiro status ilimitado infinito. E, como somos parte desse ser infinito, se não estivermos completamente despertos, há uma sensação de que este ser infinito ainda não está completamente concretizado também. Nossa jornada para a autoconsciência, tanto individualmente quanto coletivamente, também está ligada ao despertar dessa consciência infinita. A iluminação do indivíduo está relacionada à iluminação universal, porque a percepção de que a nossa essência é a consciência pura também é o reconhecimento de que essa é a mesma consciência pura da base de toda a criação.

EVOLUÇÃO DA ALMA E RENASCIMENTO

Pergunta:

Há cerca de dez anos, passei um mês em um ashram, *um mosteiro, em Ganeshpuri, na Índia. Lá dentro, próximo do portão, havia uma placa que dizia: "O fato de você estar aqui é fruto de milhões de vidas passadas." Com base nisso, gostaria que você trouxesse alguma luz sobre algumas questões.*

Então me pergunto: vou conservar essa proximidade com Deus nas próximas vidas? Ou tenho de evoluir espiritualmente da mesma maneira vida após vida após vida? Percorrer as sete respostas de Deus que você menciona em seu livro? Quando uma pessoa começa uma nova vida, ela precisa aprender a andar, a falar, a escrever, e a todas as coisas exigidas em uma sociedade em particular. Mas o lado espiritual, a nossa parte eterna, está evoluindo continuamente de uma vida para outra. A meu ver, essa nossa parte eterna conservará o conhecimento adquirido durante as vidas anteriores e ganhará mais sabedoria durante as próximas. O efeito desse mantra estará comigo também durante as próximas vidas? Visto que estou no caminho espiritual, também me sinto preso. Há tentações em minha vida e, às vezes, faço coisas não totalmente corretas. Tenho consciência de que estou fazendo algo errado e, mesmo assim, faço, sabendo perfeitamente bem que não haverá avanço em minha evolução espiritual e que, talvez, isso até me cause um carma negativo. Ou, às vezes, simplesmente faço algo louco por diversão. E ainda assim, sinto-me preso, tendo a experiência de Deus em mim mesmo quando faço algo errado. A presença de Deus preenche o meu ser a cada segundo, e não consigo voltar atrás de jeito nenhum. Percebo, é claro, que não chego nem perto de um lama *em evolução espiritual. Ainda assim, às vezes me pergunto não sobre quantas vidas ainda tenho, mas a que altura ainda terei de ir. Preciso ter todas as experiências pelas quais um lama ou um guru passaram para chegar onde devo chegar? Qual é a verdadeira iluminação, de fato? Como saber quando estamos em nossa última vida?*

Resposta:

A evolução da alma não é uma transformação da alma da imperfeição para a perfeição. A evolução do *jiva* (o espírito individual) é a percepção progressiva de que é Atman (alma ou sopro vital) e que sempre foi. Esse Atman é idêntico àquela plenitude ilimitada da consciência chamada Brahman. Quando alcançamos essa autorrealização, obtemos a finalidade da nossa experiência humana. Não nos identificamos mais com os nossos desejos e com o carma e, assim, eles não têm mais o poder de germinação para nos trazer para outra encarnação.

É só a ignorância e o equívoco que nos fazem agir e acreditar que não somos uma unidade com Deus e que em toda vida já não há diferença material ou real. Sua proximidade com Deus está sempre relacionada com a clareza com que você percebe sua proximidade com Deus.

Havendo renascimento, determinadas fases da vida sempre precisarão ser revividas, mas o nível de autorrealização que se adquiriu será conservado e não terá de ser readquirido. Portanto, seja qual for o nível de autoconsciência trazido a você por suas 125 mil recitações do mantra, você sempre o conservará. Nosso grau de autorrealização pode ficar escondido ou obscurecido por algum tempo, mas essa é uma questão diferente.

Não se preocupe com quantas vidas são necessárias para a iluminação plena. Mesmo que você tenha atingido o nível de autorrealização que não exige mais renascimento humano para sua iluminação, você pode retornar para o benefício de outras pessoas. Estará finalizado quando estiver finalizado. Basta focar a atenção na vida presente e desfrutar do momento presente.

LEMBRANDO VIDAS PASSADAS

Pergunta:
Se, como você diz no livro Imortalidade diária, *nossos espíritos são eternos, atemporais e imortais, por que não me lembro de nada para além da infância desta vida?*

Resposta:
Devido à forma como a nossa mente consciente é construída, podemos apenas lembrar uma quantidade limitada da nossa história total de experiências. A mente limitada é projetada para dar atenção à presente tarefa em mãos. Nosso espírito imortal e eterno conhece a própria natureza diretamente, independente das limitações da mente/ego consciente. As duas faculdades de consciência têm papéis diferentes a desempenhar.

Alguns indivíduos se lembram das experiências de vidas passadas quando aqueles *samskaras* apresentam-se na mente consciente. Tudo depende das necessidades evolutivas particulares do indivíduo naquele momento.

ESCOLHAS DA VIDA

Pergunta:
É verdade que aqueles com deficiência física ou mental escolheram suas "limitações" naquela vida antes de reencarnarem?

Resposta:
É preciso ter em mente que temos de usar a palavra "escolher" de modo especial. Com certeza não escolhemos deficiências da mesma maneira como escolhemos a qual filme assistir. Mas podemos dizer que as circunstâncias da nossa vida são escolhidas no sentido de que elas nos pertencem, não são impostas a nós por algum destino cruel ou indiferente. Todas as ações e decisões do nosso passado estão intimamente ligadas à nossa situação presente como um conjunto perfeito.

Vale a pena mencionar, nesse contexto, que essa compreensão de como o nosso presente se desdobra a partir das nossas escolhas só é útil na medida em que nos dá a capacidade de nos transformarmos e de vermos nossa natureza não dualista. Nunca devemos pensar nisso em termos de punição ou retaliação, pois isso só nos leva para mais longe da verdade.

SISTEMA DE CASTAS

Pergunta:
Sei que você se pronunciou sobre a injustiça do sistema de castas na Índia e que reconhece a discórdia que se perpetua em função dele. Não é tão ruim hoje em dia como foi no

passado, mas o que você acha que precisa ser feito para ajudar a apagar o legado do sistema de castas? E você acha que houve alguma vez um propósito espiritual por trás dele antes que fosse corrompido?

Resposta:

O sistema de castas como existe hoje na Índia serve apenas para fragmentar e privar de direitos alguns grupos na sociedade. O foco em castas aumenta a discórdia entre as pessoas na Índia, em vez de enfatizar o valor universal e a dignidade de cada pessoa na sociedade: instruído ou analfabeto, rico ou pobre, claro ou escuro, masculino ou feminino. Inicialmente, o entendimento dos diferentes grupos na sociedade não tinha nada a ver com o privilégio, o poder ou o prestígio do nascimento. Entende-se que o objetivo era refletir como vários elementos da comunidade sustentavam caminhos diversos até Deus, que eram então destinados para diferentes papéis na sociedade. Embora os diferentes grupos desempenhassem papéis diferentes, todos eram considerados membros igualmente divinos e valiosos da sociedade. Com o tempo, as tradições desses diferentes caminhos espirituais estabeleceram-se de acordo com a linhagem familiar e, depois, em castas. Quando o conhecimento e a experiência espiritual interior se perderam, a estratificação da sociedade passou a ser usada pelas classes governantes para obter poder e riqueza sobre as outras castas, que foram doutrinadas a se sentirem inferiores e impuras. O modo mais simples para remover essas barreiras obsoletas é reconhecer o valor divino de cada pessoa de cada casta e lhes permitir o acesso a todo o conhecimento, a oportunidades de emprego e aos templos, com base nas qualificações da mente e do coração, e não da casta de nascimento.

A ALMA NO BUDISMO

Pergunta:

A resposta budista à questão da existência da alma é "Nairatma," que implica a não existência da alma. É possível que essa resposta seja originária especificamente dos preceitos de Buda Gautama? O iluminado acreditava que não existe alma? Como você interpretaria isso?

Pergunta:

Essa recusa da existência da alma é uma das afirmações mais controversas atribuídas a Buda. Há algumas escolas de budismo que mantêm o entendimento de que não existe alma, tal como no entendimento do hinduísmo tradicional, em que existe apenas a mente. Essa forma de budismo defende que tudo no universo é uma mente cósmica e que o objetivo da existência é tornar-se alguém com essa mente. No decorrer do processo para alcançar essa unidade, todas as desilusões são superadas.

Essa doutrina de não haver alma é controversa, mesmo entre outras ramificações do budismo. A confusão surgiu porque Buda Gautama ensinou doutrinas diferentes para grupos diferentes. Para um grupo, negou a existência da alma, enquanto para outro, aparentemente, indicou que, para acabar com o sofrimento, era improdutivo começar com a ideia da alma. Havia tanta bagagem intelectual em torno da ideia da alma na ortodoxia hindu, naquela época, e a confiança sobre os pânditas brâmanes (letrados), que Buda achou que era um obstáculo desnecessário tentar começar seu ensinamento por um conceito danificado. No entanto, dizem que ele também declarou a este grupo que "é claro que a alma existe". Por isso, agora temos escolas diferentes do budismo:

Hinayana, Mahayana e Vajrayana, todas com ensinamentos um pouco diferentes em relação à alma (e a Deus).

Um sábio indiano me disse uma vez que todos os grandes professores vêm com o mesmo conhecimento universal e eterno, mas que a ênfase particular de seus ensinamentos dependerá da necessidade particular da época em que se encontram e de qual conhecimento as pessoas precisam para corrigir o desequilíbrio que acumularam nas tradições anteriores. No caso de Buda, o conhecimento espiritual era excessivamente dependente do sacerdócio brâmane na época, e era necessário mudar a ênfase em direção a uma espiritualidade autoconfiante e orientada para a compaixão, e isso exigia uma ruptura ideológica com a teologia ortodoxa hindu. A experiência do estado final da consciência de unidade é, evidentemente, a mesma para todos os caminhos, independentemente da terminologia.

O SOFRIMENTO NO BUDISMO

Pergunta:
Ao ler sobre o budismo, o que realmente me confundia era toda aquela fixação no fato de que "a vida é sofrimento". Quando olhei mais a fundo, percebi que essa negatividade era um fator usado em praticamente todas as regiões, como a ideia cristã do pecado original e o preceito islâmico de submissão completa a Alá, que vê a forma humana como algo bem inferior à do santo.

Resposta:
O budismo não tem fixação no sofrimento. Apenas começa com essa verdade, porque essa é a experiência comum

da humanidade. Todo crescimento e aprendizado devem começar do ponto em que nos encontramos no presente e seguir a partir daí. A maioria das pessoas não tem conhecimento da sua natureza essencial, e essa ignorância é a base da experiência do sofrimento. No entanto, o budismo, ao afirmar que o sofrimento é a condição humana comum, não quer dizer que temos de permanecer na ignorância e no sofrimento. Seu ensinamento como um todo é sobre como sair do sofrimento. Essa é a mensagem importante do budismo a ser aprendida, e ao experimentar a verdade interior da nossa consciência, podemos nos tornar livres do sofrimento.

A LEI DO DARMA

Pergunta:

Você descreve três aspectos da lei do darma. O primeiro é que todos nós estamos aqui para descobrir nosso Eu mais elevado, e perceber que a nossa natureza essencial é espiritual. Dentro de cada pessoa há um ser divino que anseia obter expressão plena. A segunda parte da lei do darma determina que todos nós temos um talento único, algo que fazemos melhor do que qualquer outra pessoa do planeta. Estamos aqui nesta vida para descobrir qual é o nosso próprio dom especial. Uma pista de que descobrimos o nosso darma é perdermos a noção do tempo e experimentarmos a consciência atemporal sempre que estamos fazendo algo em particular. Entramos em um estado de felicidade. Usar o nosso talento único para servir à humanidade é o terceiro aspecto da lei do darma. Quando usamos nossa expressão criativa para atender às necessidades das outras pessoas, experimentamos a verdadeira alegria e o êxtase. E nos desligamos do medo e da luta do ego, e nos entregamos para a sabedoria do nosso Eu mais elevado. Viver em darma nos permite desfrutar do amor ilimitado da nossa essência espiritual.

Ter um talento único quer dizer que você é o melhor em alguma coisa? É possível que talvez todos nós tenhamos muitos talentos e peguemos um, mas que não seja realmente melhor do que de todas as outras pessoas, apenas que possamos fazê-lo bem? Pode haver de fato um talento que nos torne melhor naquela ação específica do que qualquer outra pessoa? Há muitos artistas que são formidáveis, e talvez esse seja o darma deles, uma vez que estão fazendo o seu melhor e se trata da sua própria genialidade, mas não é algo único. Isso quer dizer que nenhum de nós encontrou de fato o verdadeiro darma? Como é possível que milhões de pessoas encontrem, cada uma, o talento no qual é a melhor, especialmente se todos nós somos um espírito e partes de uma unidade?

Resposta:

O talento único não se trata de ser a pessoa mais bem-sucedida ou mais aclamada em seu campo de atuação. Já somos únicos em virtude da nossa história individual de experiências e relacionamentos. O que precisamos fazer é investigar de que forma nossa singularidade nos permite contribuir plenamente com a nossa parte do quebra-cabeça para a integralidade do universo. A singularidade de cada um é um aspecto estabelecido. Já está lá. Basta se apropriar completamente dela e ativar o próprio potencial.

Assim, se você é um artista, isso não significa que você tem de ser o "melhor" artista do mundo e ter seus retratos na National Portrait Gallery, em Londres, para estar em seu darma. Isso significa que você entende o caráter especial de quem você é, com sua formação e experiências de vida, e isso lhe permite ser o artista perfeito para aquilo que você precisa expressar. Essa simples autoconsciência e o exercício de suas capacidades distintivas em si mesmo constituem seu darma.

E também não é preciso estar limitado a um campo de atuação. Se a poesia é algo que você ama e para a qual tem algum talento, sua poesia pode ser uma parte essencial de sua contribuição para o mundo, mesmo que não seja considerada uma poesia de classe mundial pelos críticos ou mesmo pelo seu crítico interior.

TIBETANOS BARDOS E SERES HUMANOS

Pergunta:
Acabei de ler O livro tibetano do viver e do morrer, *de Sogyal Rinpoche. Achei a obra muito interessante, especialmente a parte em que ele descreve a visão budista da vida após a morte e seus diferentes bardos. Ele explica como nós, quando mortos, temos várias chances de nos tornarmos iluminados e como evitar renascer. Na verdade, muito disso é sobre evitar renascer.*

Quando eu era mais jovem, considerava a vida bastante dolorosa, e não tinha certeza se valia a pena o sofrimento dessa dor, mesmo que a vida também tivesse coisas boas. Alguns anos atrás, aconteceram coisas que me fizeram despertar espiritualmente. Foi como chegar em casa e encontrar Deus. Seus livros foram um ingrediente importante em minha jornada espiritual, pois encontrei neles muitas das respostas para as minhas questões existenciais. Na verdade, ler sobre os vedas foi como ser lembrado de algo que eu tinha esquecido. A vida tornou-se mais agradável, e a considero uma expressão divina. E, em todo ser, seja humano ou animal, e na natureza, vejo uma parte de Deus. Então, ao ler sobre a visão budista de evitar ser um ser humano, fiquei um pouco confuso. É claro que há dor no mundo, e acho que podemos evitá-la trabalhando em busca da iluminação, mas será realmente que tanto evitar renascer como evitar ser um ser humano é a mesma coisa? É verdade que nosso mundo não pode existir sem dor? Quando li o livro, senti como se o renascimento fosse uma espécie de condenação, e não algo bom e belo. Quando uma criança nasce, ficamos felizes. Mas, segundo a visão budista, devemos realmente estar felizes com isso? Qual é o seu ponto de vista sobre esta questão?

Resposta:

O renascimento para o budismo não é uma condenação da vida humana, e sim uma oportunidade para encontrar o conhecimento e a verdade que nos liberta do sofrimento decorrente da vida na ignorância. Portanto, renascer indica que a pessoa não está plenamente iluminada, mas isso não é algo ruim ou um julgamento sobre ser um humano, é simplesmente uma indicação de onde ela está em sua jornada do despertar. Como um professor me disse uma vez, há muitos anos, "não há vergonha na ignorância, pois apenas o ignorante pode se tornar iluminado".

A parte do livro que se refere a oportunidades para a iluminação na vida após a morte é para que você saiba que pode fazer escolhas conscientes na vida após a morte para maximizar seu crescimento. O budismo tibetano não pode enfatizar a alegria da vida, mas isso é só porque está tentando apontar para um estado mais completo e universal da verdade e da compaixão para além da gratificação emocional e sensorial. Esse estado de libertação é o que significa um ser humano completo, e do ponto de vista de um budista, é o que é verdadeiramente bom e belo na vida.

O CAMINHO DA PURIFICAÇÃO

Pergunta:
Recentemente, ao explorar os conceitos de "ser e fazer", ouvi falar sobre um caminho "fascinante" que não sei nem mesmo como soletrar. Mas pensei que você talvez pudesse ser capaz de me ajudar a localizá-lo na escritura: vesudi maaga *ou* vesugi maaga. *Depois de orar sobre isso e liberar o meu desejo, há alguma outra coisa que eu possa fazer?*

Resposta:
Acredito que o que você esteja falando seja *Visuddhi Magga* (*Vishuddhi Marga* em sânscrito). Trata-se de uma compilação de Pali dos ensinamentos completos de Buda que tinham sido repassados oralmente e, depois, editados em um livro por Buddhaghosa, no século V. *Visuddhi Magga* significa o caminho da purificação, e o livro é uma análise minuciosa do budismo Theravada e de suas práticas de meditação. Há poucas traduções para o inglês, e o título muitas vezes é escrito como uma única palavra: *Visuddhimagga*. Não o li, mas dizem que a melhor tradução é a de Bhikkhu Nanamoli. Boa sorte.

DARMA

Resposta:

Estou interessado em aprender como o darma adapta-se àqueles de nós que somos espiritualistas não religiosos e vivem na sociedade agitada nos dias de hoje. Será que poderia me esclarecer melhor? Além disso, onde posso ler mais sobre esse aspecto do darma?

Resposta:

Você provavelmente apreciaria ler o *Tao Te Ching — O livro do caminho e da virtude*, de Lao Tzu, porque o taoísmo é, na verdade, apenas outra palavra para darma. Acho que você ficaria confortável com o conceito de Tao, ou o "caminho", porque ele é fundamentalmente naturalista e não tem qualquer implicação teísta. Você descobrirá que o conceito budista de darma também é livre de conotações religiosas e é psicologicamente muito justo. Você pode ter sido mal informado sobre o *Bhagavad Gita*, porque ele não é um texto budista. Darma é a ação que está em alinhamento com as forças da criação. Para se tornar sintonizado com essas leis da evolução, é preciso aprender a pensar e agir a partir da nossa consciência essencial. Quando estamos vivendo de acordo com nosso darma, estamos cumprindo nosso propósito na vida sem tensão ou discórdia.

CONTEMPLANDO UMA MUDANÇA

Pergunta:

Tive uma quantidade enorme de benefícios discretos dos meus anos de prática, mas questiono minha falta de sonhos não realizados. Até ouvir A realização espontânea do desejo, eu acreditava ser necessário entoar horas e horas, e o fato de que os meus sonhos sempre viraram caca, independentemente das minhas intenções sinceras, era porque eu não estava fazendo o suficiente ou porque havia algo de errado comigo, ou talvez eu fosse uma combinação de Mussolini, Hitler, Hussein e Átila, o Huno, em uma vida anterior e deva sofrer por isso nesta vida.

Em A paz é o caminho (sinto falta da sua própria voz nesse audiolivro), você mencionou que uma religião que faz você se sentir inadequado, estou parafraseando, é para ser questionada. Você também declarou que, se você levanta todos os dias para ir para um trabalho que odeia, é hora de questionar. Tenho tido muita resistência ultimamente em relação à minha prática e, se não fosse por medo supersticioso, eu poderia facilmente desistir agora.

Acho que o que estou pedindo é: quais são os seus pensamentos sobre a prática à qual tenho sido fiel por mais de 27 anos? Preciso desesperadamente ouvir o que tem a dizer.

Resposta:

O budismo de Nichiren Daishonin é uma tradição espiritual bela e poderosa, por isso estou relutante em incentivá-lo a olhar para fora desse caminho depois de todos esses anos. Entretanto, em minha experiência sobre essas questões ao longo dos anos, observei que, às vezes, é necessário quebrar a rotina espiritual para se abrir para a próxima fase de crescimento.

Seu despertar não é um teste de lealdade à sua prática, tradição ou a qualquer pessoa externa. É ser leal à sua verdade e segui-la para onde ela o conduzir. Até agora, sua prática o apoiou no seu caminho para o despertar. Se você acha necessário buscar outra tradição ou não para a próxima fase de crescimento, não é uma falha ou traição da sua parte, pois fará simplesmente o que todo ensinamento espiritual visa: possibilitar que siga sua orientação espiritual interior.

Não defendo que se pule de uma tradição para a próxima sempre que a pessoa sentir que não está obtendo resultados imediatos, porque isso nutre expectativas do ego. Porém, depois de 27 anos, você dificilmente se encaixa nessa categoria. Suspeito que seu questionamento seja a orientação interior tentando chamar atenção para que você olhe para cima por um momento e veja a porta aberta que está ali diante de você. Não se preocupe, a mudança pode ser libertadora.

CRISTO E A FILOSOFIA ORIENTAL

Pergunta:

As metáforas, analogias e histórias da Bíblia ainda podem ajudar as pessoas modernas? Acha que os líderes religiosos ocidentais realmente perderam o trem por não abordarem os problemas reais das pessoas abastadas do Ocidente e, portanto, ignorarem o discernimento incrível da filosofia oriental? É possível ser um cristão adorador de Jesus, acreditar na santa trindade e no batismo e todas essas coisas, quando se está convencido de que a forma como se explica o mundo com uma única fonte, a consciência pura, a ausência de esforço, e o universo benevolente etc., é realmente a única verdade?

Resposta:
Sim, é possível ser um cristão seguidor de Jesus e ainda reconhecer a consciência universal atuando em todas as coisas. Fazemos isso ao colocar em prática nosso potencial interior, nossa consciência de Cristo, e viver o estado de consciência que Jesus viveu. A iluminação da consciência de Deus tem a mesma dignidade de vida tanto no hemisfério Ocidental como no Oriental. Este é o assunto do meu livro *O terceiro Jesus*, sobre o qual venho falando em minha turnê para promovê-lo. Estou percebendo que muitas pessoas estão sedentas exatamente por essa conexão experimental da consciência para a mensagem de iluminação que Jesus representou, porque é uma tradição profundamente familiar a elas, mesmo que tenham deixado para trás as constrições dogmáticas que se acumularam ao longo dos milênios.

A MANIFESTAÇÃO DE DEUS

Pergunta:
Sou um cristão que admira a profundidade de seus ensinamentos e de sua espiritualidade. Você vê algum conflito entre a crença cristã de que Deus tornou-se homem na pessoa de Jesus Cristo e sua espiritualidade "transcendental/Hindu"?

Resposta:
Não vejo nenhum conflito entre essa crença cristã e a visão védica da espiritualidade. Na teologia hindu, o conceito de

"avatar" (encarnações divinas autoiluminadas) é que Deus toma a forma humana periodicamente para restabelecer o caminho da verdade. A única área potencial de desacordo surge quando os cristãos insistem que Jesus é o único caso desta ocorrência na história da humanidade.

DEUS, RELIGIÃO E SALVAÇÃO

Pergunta:

Tenho 16 anos e estou muito confuso no que diz respeito à salvação. Ultimamente as pessoas têm me dito que vou para o "inferno" por causa das minhas crenças. Acredito fortemente em Deus, mas disseram que não é o suficiente. Disseram que devo aceitar Jesus como o único salvador para entrar no céu, pois do contrário estarei destinado à condenação eterna. Isso é verdade? Perguntei a eles sobre ser uma boa pessoa, não é isso o que realmente importa, em vez de em que se acredita. Disseram que não se trata de ser ou não uma boa pessoa, e sim de que tudo se resume a aceitar Jesus como o salvador, senão todos estão condenados. Essa ideia me incomodou. Isso significaria que bilhões de pessoas estariam condenadas e apenas algumas, "salvas". Mas como seria possível culpar alguém por ser tão fortemente enraizado às suas crenças? Se alguém é fortemente enraizado às suas crenças, não pode de repente se converter e aceitar um salvador de outra religião. É realmente sua culpa ter sido criado para acreditar fortemente em sua própria religião e, pelo fato de não aceitar um salvador de outra religião, deve ser condenado eternamente? Acho isso estúpido. Você acha que é assim que as coisas funcionam? Acho que Deus é misericordioso demais para mandar alguém para o "inferno". E também acredito que a verdadeira salvação ocorra pelo esclarecimento pessoal. Por favor me ajude, Dr. Chopra. Seria muita bondade da sua parte me dar sua opinião sobre isso e, se possível, alguma orientação. Sempre pensei que eu tivesse uma boa relação com Deus, mas agora, de repente, as pessoas me dizem que serei condenado por minhas crenças, e que ter uma boa relação com Deus e ser uma boa pessoa não é o suficiente para entrar no céu. Se eu aceitar Deus com todo o meu coração (o que já tenho feito), não significaria que também aceitei o salvador, fosse ele quem fosse?

Resposta:

Você pode achar meu livro *Como conhecer Deus* útil para decifrar os diferentes entendimentos das pessoas sobre Deus, sob suas várias perspectivas. O Deus da condenação e da salvação é suportado pela necessidade de desenvolvimento em aceitar o poder e pelo medo de sobrevivência. Isso implica que sigamos todas as regras para sobrevivermos ao julgamento de Deus. Uma vez experimentado o Eu mais elevado, a Resposta de Consciência em Repouso, sabemos que Deus não está fora de nós mesmos e que nossa essência é indestrutível, está além do espaço e do tempo. Sua verdadeira essência está além do julgamento, da salvação ou da condenação. Ela simplesmente é. A mensagem de Jesus é amar aos outros como a si mesmo e que o reino dos céus está ao alcance. Não é a mensagem de prometer lealdade ao nome de Jesus e sua alma será salva da punição de Deus.

Acho que você está no caminho certo. Confie em seus sentimentos sobre essa questão.

DEIXANDO A PRÓPRIA RELIGIÃO

Pergunta:

Caro Deepak, fui criado em um lar evangélico que acredita estritamente na Bíblia. Ao entrar na faculdade, comecei a pesquisar religião e conheci pessoas novas com diferentes formações. A exposição a novas experiências mudou a maneira como vejo o mundo. No momento, estou apenas buscando a verdade e já não sou mais um cristão. Devo dizer aos meus pais que já não acredito naquilo que eles me ensinaram e arriscar partir o coração deles e ser renegado, ou é melhor ser desonesto com eles para manter a aceitação e a paz de espírito deles? Parece que não há nenhuma boa opção. Será que meu propósito na vida pode ser me libertar/mostrar a eles como enxergar as coisas de forma diferente? Muito obrigado por seu tempo. Isso significa bastante para mim.

Resposta:

Sugiro que examine profundamente os princípios que descobriu até agora em sua busca pela verdade e veja quais aspectos podem coincidir com os da sua formação evangélica. Pode ser nos ensinamentos de compaixão e assistência aos outros ou no poder do perdão, na busca por melhorar a si mesmo, e não julgar os outros, qualquer que seja. Deixe que isso seja o argumento a ser enfatizado quando for falar com seus pais. Agradeça-os por lhe incutir o que você acredita serem os melhores aspectos do pensamento cristão. Se desejar mostrar a eles um caminho diferente, é mais provável que isso aconteça demonstrando como você cresceu a partir do que eles lhe ensinaram, em vez de achar que eles ouvirão por que você rejeitou categoricamente suas crenças.

EVANGELHOS APÓCRIFOS

Pergunta:
Fui cristão a maior parte da minha vida. Acabei de ler
Segredos de um modo antigo de rezar, *e achei muito interessante. Comecei a investigar os Evangelhos Apócrifos e os Manuscritos do Mar Morto. Agora estou mais confuso. Muitos artigos desafiam essas ideias e conceitos, e estou tentando me instruir buscando a verdade. Será que você poderia me sugerir um bom livro que pudesse explicar claramente por que os Evangelhos Apócrifos ou outras escrituras nos ensinam mais sobre espiritualidade do que os evangelhos existentes?*

Resposta:
Parabéns por expandir seus horizontes. Não é que os outros evangelhos sejam mais importantes do que os livros existentes da Bíblia, mas eles oferecem peças importantes para o quadro completo do cristianismo primitivo. Quando se considera todo o material recém-descoberto que havia sido suprimido, em grande parte destruído, ou mesmo perdido, vê-se um cristianismo muito diferente da visão literal que prevalece hoje. Recomendo a leitura de *The Jesus Mysteries* e *Jesus and the Lost Goddess* de Timothy Freke e Peter Gandy. Você terá uma apreciação mais ampla da riqueza de conhecimento que formou o cristianismo primitivo, que está muito além do que foi selecionado no Novo Testamento pela Igreja Romana.

SOFRIMENTO

Pergunta:

Eu estava lendo um texto sobre sofrimento. Também acredito que o sofrimento é decorrente da ignorância. Fui criado como católico. E sofrer, para alguns de nós, talvez seja algo espiritual.

Minha questão é a seguinte: por que Jesus Cristo teve que sofrer na cruz? Foi o carma dele? Acho que ele teve momentos de dúvida na cruz, quando perguntou a Deus por que fora abandonado. Pode-se também argumentar que o sofrimento é provocado pela percepção errada. Você acha que Cristo sentiu sofrimento quando estava na cruz? Era o plano de Deus que ele fosse crucificado?

Resposta:

Sei que, para alguns, há o ponto de vista de que o sofrimento tem valor porque elimina o apego ao corpo ou ao ego. Não penso no sofrimento dessa maneira. Faço distinção entre a experiência do sofrimento e a da dor, em que o sofrimento implica em uma identificação com a dor e uma consequente perda da autoconsciência, enquanto o outro pode experimentar a mesma dor, mas não ser ofuscado por ela e, portanto, não estaria sofrendo. Quando sua consciência está permanentemente enraizada na verdade imortal do absoluto, mesmo diante de qualquer dificuldade ou adversidade que venha sofrer, você sabe que sua natureza verdadeira não é afetada e você não sofrerá. Quando você está livre da ignorância de quem você é, está livre do sofrimento. Por esses padrões, não acredito que Cristo ou qualquer mestre iluminado tenha sofrido.

O FIM DO MUNDO

Pergunta:
O que acha da visão bíblica sobre a vinda do apocalipse? Você acha que o mundo está chegando ao fim? O Armagedom é necessário para que haja um milênio de justiça e paz?

Resposta:
Acredito que a humanidade passe por diferentes ciclos em seu crescimento. Muitas tradições antigas calcularam que o mundo está no processo de conclusão da sua idade atual e prestes a começar outra. Algumas dessas tradições falam de destruição em massa da Terra e perda de vida, semelhante ao que está descrito na Revelação. Mas nem todos dizem que a transição para a nova era deve ser violenta e destrutiva. O quão difícil ou fácil será a transformação depende da profundidade do amor em nossos corações, e não das crenças professadas ou lealdades religiosas. Acho que há um perigo inerente em se tomar de maneira muito literal as visões apocalípticas da Bíblia. Muito frequentemente, isso leva as pessoas a se concentrarem na transformação externa e em acontecimentos em vez de na transformação interior da consciência e no amor dentro do coração. Uma interpretação literal dos eventos da Tribulação, do Arrebatamento e do Juízo Final tem levado alguns indivíduos a tentar incitar a violência, na esperança de que isso incentive os desdobramentos dos eventos do Fim dos Tempos, para que "a palavra de Deus" venha a acontecer como está escrito. Acho que isso é um grande desserviço tanto para Deus quanto para a humanidade.

As pessoas interpretam os males do seu próprio tempo como a chegada do Apocalipse há milênios. No processo, muitas apenas concentram-se na destruição, buscando pistas da Tribulação e tentando descobrir quem é o Anticristo, na esperança de que serão elevadas ao céu por Cristo. Em vez de uma jornada pessoal em direção a Deus, a salvação torna-se uma espécie de jogo de detetive cósmico, em que descobrir quem são os verdadeiros crentes e quem são os infiéis lhes assegura um futuro lugar no céu.

Acredito que o significado original da palavra "apocalipse" como "levantar o véu" oferece um retrato mais otimista do que o tempo de transição oferece, ou seja, a verdade e o conhecimento que estava oculto antes são agora revelados, e a revelação é a base para a era seguinte. Quanto mais atenta a humanidade estiver para se abrir a essa verdade interior, mais suave será a transição para o novo período.

A SEGUNDA VINDA

Pergunta:
Por acaso você sabe por volta de qual época o homem começou a acreditar que a segunda vinda pode ser um aumento em massa da consciência ou o levantar do véu, em vez de um real reaparecimento/retorno de Cristo, e o que levou a essa crença? Em um contexto mais amplo, qual é a sua opinião sobre isso?

Resposta:
Jesus prometeu nos evangelhos que retornaria em glória dentro do tempo de vida de alguns de seus expectadores. Os cristãos literalistas vão às últimas consequências para tentar explicar por que isso não aconteceu, dizendo que um dia divino dura mil anos e sugerindo que São João tornou-se

imortal e que, portanto, ainda estamos vivendo dentro de seu tempo de vida. Concordo com o entendimento gnóstico da ressurreição e da Segunda Vinda de Cristo, de que esses não são eventos temporais, mas representam a transformação sagrada da consciência em que o "eu sinto" morre, e a consciência de Cristo, ou o Eu mais elevado, retorna para orientar a própria vida para o amor, a verdade e a sabedoria de Deus. Essa interpretação espiritual de levantar o véu da ignorância esteve presente naquela época e foi perpetuada pelos gnósticos, incluindo São Paulo, daquele momento em diante. Entretanto, não sei quando a ideia desse despertar individual da consciência de Cristo veio a ser considerada um evento de transformação em massa.

Seguindo o seu caminho

EFEITO IOIÔ DO CRESCIMENTO ESPIRITUAL

Pergunta:

Estudo seus livros e vídeos, assim como os de outros professores e guias espirituais há anos. Faço Reiki e também medito. A questão é que, apesar de todo esse trabalho interior, não consigo manter um estado de paz por longos períodos.

Às vezes me sinto cheio de paz, livre do medo e grato por tudo o que tenho. Eu vivo, mas, sem saber por que, começo a ter recaídas aos velhos padrões, aos velhos medos, e aí o resto das minhas atitudes egoístas volta. A questão é que, quando estou "para baixo", quase não encontro energia para aplicar as técnicas e ferramentas que aprendi, como se uma parte de mim não quisesse estar bem. Sinto uma forte resistência interior quando surge a negatividade, e aí começo a culpá-la por razões externas.

Tento estar presente, meditar, respirar, mas me parece que não consigo controlar meu estado geral. Como se, quando estou "para baixo", isso tivesse acontecido como um acidente, e quando me sinto bem também.

Às vezes sinto que minha mente capta tudo aquilo que aprendo para me sentir bem e converte em um objetivo mental e, então, perde o poder sobre mim.

Quaisquer ideias ou visões externas do que acontece comigo seria muito útil!

Resposta:

Essa experiência de vai e volta entre o ego e a paz espiritual é a oscilação padrão pela qual a alma passa no momento da troca de identidade do Eu falso para o Eu verdadeiro. Você está no caminho certo, portanto, não se preocupe com o fato do seu progresso não acontecer rápido o bastante ou da maneira que você achou que deveria. O julgamento sobre o ritmo de sua evolução é, em si, proveniente de sua mente-ego. Seu Eu mais elevado sabe que tudo está acontecendo exatamente como deve. Essa inteligência universal governa sua evolução sob uma ótica mais ampla, que vai além dos detalhes e dramas dos seus altos e baixos, das vitórias e recaídas. Sua essência pura orquestra sem falhas cada pequena circunstância em direção ao seu despertar pleno, independentemente do quanto ela possa se sentir emocionalmente melancólica ou sombria, às vezes. O seu Eu mais elevado está fora do controle do ego, portanto, confie que ele esteja orientando todo o processo de forma perfeita.

O que você está fazendo no momento, por meio da meditação, da respiração, e permanecendo presente são exatamente todas as ações certas para ajudá-lo a trazer mais consciência para as áreas condicionadas da sua vida. Tudo o que você precisa fazer é continuar isso com mais paciência, amor e alegria durante toda a jornada.

HIERARQUIA ESPIRITUAL

Pergunta:

Estudo vários caminhos espirituais há mais de vinte anos e incorporei ideias, meditações e práticas, conforme o meu Eu mais elevado foi me conduzindo, incluindo alguns de seus ensinamentos. Venho tentando conciliar os conceitos de uma "hierarquia espiritual" e um caminho de iniciação que inclui várias regras e códigos de conduta (como em alguns dos trabalhos de J. Krishnamurti e Baird T. Spalding) com o que estou lendo em seu livro Como conhecer Deus. *Você abraça o conceito de uma hierarquia espiritual que exige que os iniciantes sigam regras específicas, ou você acha que, neste novo milênio, estamos superando isso em termos e rumando mais em direção a uma abordagem que permite tudo (sem regras, exigências e testes para passar para níveis mais elevados de iniciação)? Tem algum outro livro (seu) que você gostaria de recomendar, além de* Como conhecer Deus, *que pudesse me ajudar com essa questão? Obrigado.*

Resposta:

Para obter o sucesso do caminho espiritual é preciso que cada um siga o desdobramento sequencial da sua consciência de acordo com as fases de desenvolvimento inerentes estruturadas dentro dela. Portanto, embora os princípios fundamentais de transformação possam estar situados em todo o crescimento espiritual de diferentes pessoas, não acredito que um processo de ensinamento hierárquico rigoroso seja eficaz para todas as pessoas.

Os diferentes pontos de partida dos indivíduos, assim como a grande variedade de estilos de aprendizagem e visões de mundo espiritual que as pessoas têm, todos tornam impraticável que se imponha uma metodologia cultural de regras e etapas que seja significativa e aplicável para todo mundo. Em vez de se concentrar nos temas das lições a serem aprendidas, nas provas de iniciação ou na procura de um mestre a quem se entregar, como diz Spalding, hoje em dia, acho que é mais importante ter uma prática espiritual autossuficiente que lhe permita despertar de dentro de si e, então, procurar pelo conhecimento que explique e solidifique essa experiência espiritual. Esse processo de deixar que sua experiência conduza o caminho para uma compreensão mais profunda é útil, uma vez que te impede de deixar que sua compreensão espiritual fique à frente da sua experiência, da sua realidade. Quando isso acontece, é fácil confundir o crescimento espiritual com sua ideologia ou filosofia.

FALANDO A VERDADE

Pergunta:
Deepak, se vejo os esquemas do ego em outras pessoas, devo cortar tão profundo quanto gostaria que os outros fizessem com o meu? É mais reconfortante fazer as pessoas se sentirem bem, trazer um sorriso em seu rosto etc., ou é o meu ego que de alguma maneira me engana nesse caso? Tive medo de "ferir" outras pessoas por muito tempo e, agora, vejo que a dor que eu geraria só mostraria onde elas teriam trabalho a fazer. Isso é o que faço comigo mesmo, isso é o que faço com minha família e, com muito cuidado, com as pessoas com quem trabalho. Sinto que amo a alma das pessoas que conheço, e é por isso que quero ser totalmente impiedoso com a ignorância que as cega. Será que existe um equilíbrio? Isso é verdade? É mesquinhez? Será que posso realmente fazer isso? Apenas quando eles pedem honestidade? Mas quantos pedem? Estou confuso...

Resposta:

Há certos momentos em que ser brutalmente honesto pode ser a resposta apropriada e afetuosa, mas não recomendo adotar isso como posição geral ou um papel que você sempre desempenhe. Encontrar um jeito amável de falar a verdade é importante, e só porque você aprecia a exposição dos esquemas do seu próprio ego, não significa que os outros venham a se beneficiar com suas percepções do mesmo modo. Frequentemente, comentários bruscos, não importa o quão verdadeiros sejam, são interpretados como um ataque, portanto, só aumentam o sofrimento, e a questão é desviada de forma defensiva.

Gentileza e ternura não significam que devamos aplacar a ignorância para evitar balançar o barco. Apenas deixe que sua verdade seja orientada, acima de tudo, pelo amor, e não pela autojustiça ou pelo entusiasmo, e deixe fluir a partir disso. Há até momentos em que a verdade não precisa ser falada para que sua influência seja sentida.

PRAZER

Pergunta:

Como se deve ver o prazer no caminho espiritual? Como é possível "desapegar-se" da dualidade do prazer/dor, quando parece que a vida sem prazer é superficial e insatisfatória? Existe diferença entre sentir prazer do lado do ego em oposição ao prazer que vem da satisfação do espírito e, se houver, como podemos perceber a diferença?

Resposta:

O prazer é uma das maiores motivações da nossa evolução espiritual. No entendimento védico, há quatro objetivos ou funções principais da vida: Darma, Artha, Kama e Moksha. Darma significa cumprir nosso propósito de vida de acordo com nossa natureza. Artha é nossa motivação para o conforto, a abundância e a riqueza. Kama á a ação adotada para o prazer, para satisfazer desejos. Moksha é nossa vontade de liberdade ou libertação. Nesse modelo, o prazer é visto como uma força saudável alinhada com essas outras tendências, que nos traz maior alegria, liberdade e propósito. É óbvio que, se o prazer é perseguido em excesso ou simplesmente para o seu próprio bem, pode levar a um desequilíbrio e a uma sensação de vazio. O desapego não significa que não nos permitimos sentir prazer. O desapego é de fato apenas o elemento Moksha de consciência presente com outra experiência. Portanto, a consciência pode permanecer livre da influência de ligação da ação mesmo enquanto desfruta de algo como um belo pôr do sol ou uma manga doce.

CRESCIMENTO ESPIRITUAL

Pergunta:
Meu crescimento espiritual até agora me permitiu ter uma relação mais suave, mais misericordiosa e afetuosa com minha família imediata e estendida, e sou muito grato por isso. Sou o único da minha família que pratica uma rotina diária de meditação e ativamente persegue um caminho espiritual que difere da nossa fé católica romana padrão. Sempre tive um leve desejo de dedicar a vida ao meu desenvolvimento espiritual, usando minhas férias anuais para ir a retiros de meditação ou para me tornar professor de meditação em tempo integral, mas, no momento, sinto que é inapropriado em função de eu ter uma família jovem e uma esposa adorável,

e querer passar meu tempo de férias com eles, além de lhes prover um padrão de vida confortável. Minha pergunta tem a ver com um indivíduo dentro de uma família ou um grupo social que se desenvolve espiritualmente mais rapidamente do que o resto do grupo. Existe uma chance de que ele queira "seguir em frente" para outras coisas e deixar os outros para trás, por assim dizer? Suponho que seja semelhante ao sistema de casta na Índia, se meu entendimento sobre isso for preciso, em que os homens na classe Brahman geralmente criam sua família e, depois, seguem em frente para viver uma vida de solidão e desenvolvimento pessoal.

Resposta:

A tradição de passar da fase de chefe de família para uma vida de retiro não é tanto uma questão de casta, mas uma questão de passar por diferentes fases da vida. O princípio da vida de um estudante é tradicionalmente seguido da fase de chefe de família, depois da semirreclusão, conhecida como a fase do morador da floresta e, finalmente, da *sannyasa* ou renúncia plena.

Os diferentes valores de crescimento espiritual essenciais para o nosso desenvolvimento holístico estão sendo estruturados em cada uma dessas fases. As pessoas podem viver fora dessas fases conforme as necessidades individuais e a jornada espiritual pessoal. Entretanto, antes de decidir sair ou pular uma fase, certifique-se de que atingiu todo o conhecimento e experiência que pretendia aprender nessa fase. Crescer mais rapidamente do que o restante da sua família não vai necessariamente fazer com que você queira "seguir em frente" e deixá-los mais cedo. Isso tem mais a ver com sua responsabilidade ou disposição. Veja se você consegue encontrar esse maior foco em uma vida espiritual dentro da meditação e da disciplina espiritual que tem no momento presente. Como você presta total atenção ao seu desenvolvimento espiritual presente, o que quer que precise ocorrer vai se desdobrar no momento perfeito.

REINCIDÊNCIA

Pergunta:

Sei que estar no caminho espiritual não é como estar em uma estrada em linha reta para cima, mas como devo lidar com derrapagens alarmantes quando sinto que cheguei muito longe?

Por exemplo, readquirir o hábito de fumar cigarro anos depois da primeira tentativa e abandoná-lo imediatamente (e sabendo muito bem mal desse hábito). Ou sentir-se devastado e triste depois de procurar uma aproximação com alguém que não está disponível ou interessado, após já ter experimentado o fim de vários relacionamentos como esse, mesmo que eu pense ter absorvido as lições a partir deles.

Sinto como se tivesse mais conhecimento de espiritualidade, no entanto, estou me sentindo menos espiritual do que antes de começar meu caminho! Quero me sentir melhor, mas não sei o que fazer.

Resposta:

Se sentimos uma antiga perda com uma nova tristeza, significa que ainda existem algumas áreas não lamentadas que precisam de cura, e esses incidentes se apresentam como oportunidades para restabelecer relações com o processo terapêutico natural, de modo que possamos abordá-lo. Até mesmo começar a fumar cigarro contra o seu melhor julgamento pode ser visto como uma tentativa confusa do seu corpo de obter a atenção da cura que ele exige. O mais importante é não ser duro demais consigo mesmo. É óbvio que fumar é muito autodestrutivo, portanto, condenar-se e dizer a si mesmo que você não chegou a lugar nenhum apenas aumenta a dor. Pergunte ao seu corpo o que ele realmente quer e precisa para se sentir melhor e que está por trás da ânsia de fumar, e então escute atentamente o que ele lhe diz. Você pode ter certeza de que não é o tabaco que ele quer de você. Siga em frente, dê a si mesmo a atenção que cura e nutre, que você precisa para passar por essa fase de crescimento.

FONTE E EXPERIÊNCIA

Pergunta:

Estou em uma busca para viver uma vida mais espiritual. Para esse fim, comecei a meditar, orar e estudar diariamente. Comecei essa busca antes, mas sempre parei em um ponto. Se a fonte ou Deus é todas as coisas e nenhuma coisa ao mesmo tempo, se a fonte contém todo o conhecimento e forma e não forma, então por que a fonte cria a forma humana? Muitas pessoas acreditam que esta vida é uma escola para nossas almas. Luto com esse conceito. Se todos nós somos parte da fonte, por que ela precisaria experimentar a vida na Terra? A origem já conhece tudo o que há para saber. Eu apreciaria de fato poder ouvir seu ponto de vista sobre essa questão. No passado, minha confusão sobre esse assunto fez com que eu desistisse. Dessa vez, estou determinado a continuar a busca pela resposta.

Deixe-me dizer também que, em determinado ponto da minha vida, fiz esse tipo de meditação chamado "Big Mind". Durante minha primeira experiência com esse tipo de meditação, tive o que acredito ter sido uma experiência pessoal com a fonte de tudo. Durante essa meditação, experimentei "Deus" com amor e uma compaixão que tudo abrange. Não houve nenhum tipo de julgamento. A fonte era o amor, literalmente. A fonte amava toda criação e não julgava nada como bom ou pecado. Tudo era amado e completamente compreendido. Também tive uma visão clara da fonte tão vasta, além da crença, tão infinita e nada ao mesmo tempo. Durante parte da meditação, vi formas indo e vindo, em mudança constante, mas ao mesmo tempo nunca mudando. Sempre parte do todo. Essa experiência não só foi bastante profunda, como me deixou confuso. É o que me leva à pergunta que fiz.

Resposta:

A fonte de toda criação contém tudo como potencialidade, mas não como realidade. Assim como uma noz ou bolota do carvalho que contém todo o material genético para todas as características de um carvalho totalmente crescido — embora exista uma diferença entre essa semente potencial e a jornada de crescimento para um carvalho poderoso. Da mesma maneira, a fonte de criação é a potencialidade pura sem diferenciação da consciência. A criação da forma humana é uma maneira de esse campo da consciência tornar-se real e consciente de si mesmo. Nós somos um meio de a natureza conhecer a si mesma, e essa jornada torna funcional o que antes era apenas implícito. Essa é a fonte manifestando-se, diferenciando-se e, depois, retornando para casa como a fonte totalmente consciente de si mesma.

AÇÃO E DESAPEGO

Pergunta:

Ainda estou trabalhando algumas questões pessoais com este princípio. Não que eu não confie no universo para cuidar dos detalhes. Faço isso pelas outras pessoas. Quando se trata de mim, luto. Como sempre soube que há uma força amorosa superior, fui criado para ser autossuficiente e não me impor aos outros. Consequentemente, sempre sinto que eu deveria assumir a responsabilidade e a ação, mesmo com o Divino. Sempre pergunto: "O que eu deveria estar fazendo?" Estou aprendendo, porém, enquanto opero no desapego, como sei quando agir e quando não agir?

Resposta:

Você está tornando isso complicado demais. Quando agir ou não agir não tem nada a ver com desapego. O impulso de quando agir pode ser determinado a partir do silêncio do seu coração. O desapego não diminuirá a autoconfiança, porque não bloqueia sua capacidade de sentir quando tomar uma medida ou não. O desapego significa apenas que não estamos presos ao fruto da ação, não quer dizer que não agimos.

ALÉM DA INSPIRAÇÃO

Pergunta:

Tenho o maior respeito por você e pelo modo como você inspira as pessoas e conheço seu trabalho há muitos anos. Quero ser inspirado, mas muito disso parece apenas ser palavras floreadas, perdão por dizer isso. Em outros termos, dizer às pessoas que todas elas são seres espirituais maravilhosos e que tudo está sendo cuidado. No entanto, conheci muitas pessoas da "nova era" viciadas em ler material inspiracional e ainda assim bastante neuróticas.

Sinto-me agora como se estivesse do lado de fora olhando para dentro, talvez eu tenha me tornado um pouco cínico; ainda sei que sou espírito, mas perdi a experiência regular para provar isso para mim mesmo... um lugar estranho para estar. Passei anos em ashrams e estive envolvido com várias práticas espirituais, e decidi parar há cerca de dez anos, então estou agora procurando uma maneira prática de seguir em frente com os pés no chão. Poderia me oferecer algum conselho, por favor?

Resposta:

Parece que você está pronto para aplicar o que suas práticas espirituais cultivaram. No presente momento, lançar-se em algum tipo de serviço ativo de auxílio a outros, ou a algum esforço criativo será mais produtivo para sua evolução do que ler livros inspiracionais, ou voltar para um *ashram*. Suspeito que, como outros que passaram muitos anos ou mesmo décadas meditando e estudando tradições espirituais, você alcançou um ponto de saturação, portanto, precisa sair, implementar e estabilizar esse nível de consciência cultivado por tantos anos.

Inspiração e metafísica não são o que você precisa agora. Você precisa pular para a atividade que ajude os outros diretamente. Quando começar a sentir a alegria de fazer algo que faz a diferença na vida dos outros, sua sensação de estar do lado de fora olhando para dentro e seu cinismo se dissiparão.

Outros livros da série

PERGUNTE A DEEPAK CHOPRA

Pergunte a Deepak Chopra sobre amor e relacionamentos
Pergunte a Deepak Chopra sobre saúde e bem-estar

Sobre Deepak Chopra

Deepak Chopra é médico e escreveu mais de oitenta livros, inclusive diversos best-sellers campeões de venda do *New York Times*. Suas especialidades médicas são clínica geral e endocrinologia. Ele é membro do American College of Physicians, da American Association of Clinical Endocrinologists, além de professor adjunto do programa para executivos da Kellogg School of Management na Northwestern University. Deepak Chopra também recebeu os títulos de Distinguished Executive Scholar na Columbia Business School, Columbia University, e de Senior Scientist na Gallup Organization. Durante mais de dez anos, Chopra foi conferencista no evento anual Update in Internal Medicine, do Departamento de Extensão da Harvard Medical School e do Departamento de Medicina do Beth Israel Deaconess Medical Center.

Para se conectar com Deepak Chopra

Página da internet:
http://www.deepakchopra.com/

Blog no *Huffington Post*:
http://www.huffingtonpost.com/deepak-chopra/

Facebook:
https://www.facebook.com/DeepakChopraCommunity?ref=
ts&fref=ts

Twitter:
https://twitter.com/DeepakChopra

Este livro foi composto na tipologia Minion Pro
Regular, em corpo 11,5/15, e impresso em
papel off-white no Sistema Cameron da
Divisão Gráfica da Distribuidora Record.